「どうぶつ大家族」廣川家の好日

~自給自足に生きていく~

廣川あゆみ
廣川　進

JN013787

装　　丁　池田紀久江
写　　真　いとうしゅんすけ
校　　正　滄流社
編集協力　吉川亜香子
編　　集　上野まどか

「どうぶつ大家族」

廣川家の好日

～自給自足に生きていく～

目次

廣川家の人々

スーさん

1974年11月28日新潟県生まれ。プロのファイヤーダンスパフォーマー。あゆみんとふたりのファイヤーチーム『SU&Ayumin』として活動。柔道整復師と鍼師の国家資格を持つ。自身の感覚を大切にし、いいと思ったことはとことんやる。

あゆみん

1981年９月18日徳島県生まれ。プロのファイヤーダンスパフォーマー。東京の介護施設、神奈川県の温泉旅館で働いた経験あり。廣川家の大きな流れをつくり出している存在で、直感で生きているおおらかな人。

空太

くうた。2011年５月28日自宅生まれ。マイペースの自然体で、おしゃべりが得意。その実、几帳面でもあり、部屋の中全般が、きれいに整理整頓されている。

和楽

わらく。2009年11月20日香川県の助産院生まれ。第一子ということもあり厳しく育てられる。弟妹の面倒見がよい。中学では軟式テニス部に所属。

然花

ねんか。2016年１月４日自宅生まれ。珠葉が生まれる４歳まで末っ子だった。小学生になって、兄たちとだいぶ互角に喧嘩できるようになってきた。

雨種

うたね。2013年12月26日自宅生まれ。スーさんの寵愛を一身に受けて育つ。料理の腕をメキメキ上げ、スパイスカレーやカツを作って、ランチプレートにするほど。

珠葉

たまは。2020年３月５日自宅生まれ。スーさん待望の２人目の女の子。廣川家みんなのアイドル的存在。自分の主張を押し通す粘り強さの持ち主。

廣川家の居場所

廣川家が暮らすのは
徳島県の山深い集落です。
たくさんの動物とともに
自分たちのペースで
自給自足に生きています。

廣川家の一日

朝

廣川家の朝は、5時過ぎからスタート。スクールバスが到着する山の下の神社前まで、小学校低学年の足で行きは下り坂を20分。バスの出発時間は7時半のため、家を7時過ぎに出れば間に合います。けれど二代目「あらかじめボーイ」の空太は少し早めの6時45分に出発。あゆみんは、5時過ぎには起きてお弁当づくりを開始します。

午前中

学校に行く子どもたちが出かけたあとは、それぞれが自分の仕事を行います。３歳の珠菜は玄関の掃除係です。和楽を除いた子どもたちも家の掃除を担っています。ほうきでチリを掃いて、雑巾で床を拭きます。あゆみんとスーさんは畑の手入れや動物の世話、保存食や調味料を仕込みます。

わなの見回り

わなの見回りはスーさんの担当。わなを仕掛けてあるときには、野生動物がかかっていないかの確認のため、午前中、山へ見回りに出かけます。というのも、動物がかかったことを気づかずにそのままにしていると動物が衰弱死し、場合によっては腐敗してしまうから。そんな事態を避けるためにも、こまめに見回りをするのです。

昼食

廣川家には朝食を食べる習慣がないためお昼がその日最初の食事です。平日は簡単に済ませることが多く、朝、子どもたちのお弁当を作るときに、居残り組のお昼も一緒に用意します。家族が揃う週末や来客時などには、自家製ラーメンなど手の込んだものを作ることも。そんな日は、昼食の準備だけで2時間以上かかります。

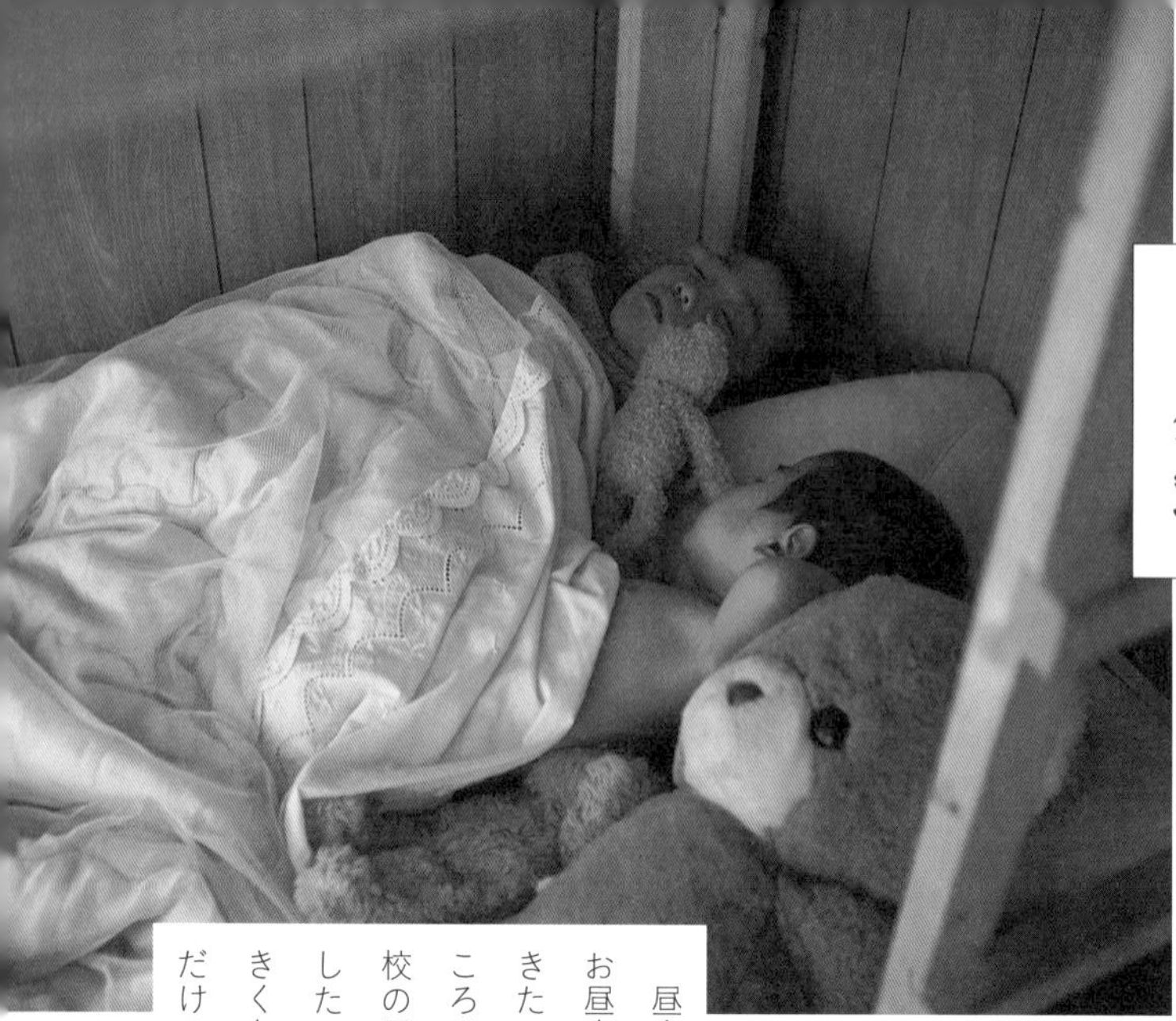

お昼寝

昼食のあと1時間くらい、家族そろってお昼寝。早朝から体を目一杯使って働いてきたのでくたくたです。然花は赤ちゃんのころは和楽と一緒にお昼寝をし、和楽が学校の日は和楽のベッドにひとりで寝ていました（夜はあゆみんと）。子どもたちが大きくなった今、お昼寝をするのはスーさんだけの習慣になりました。

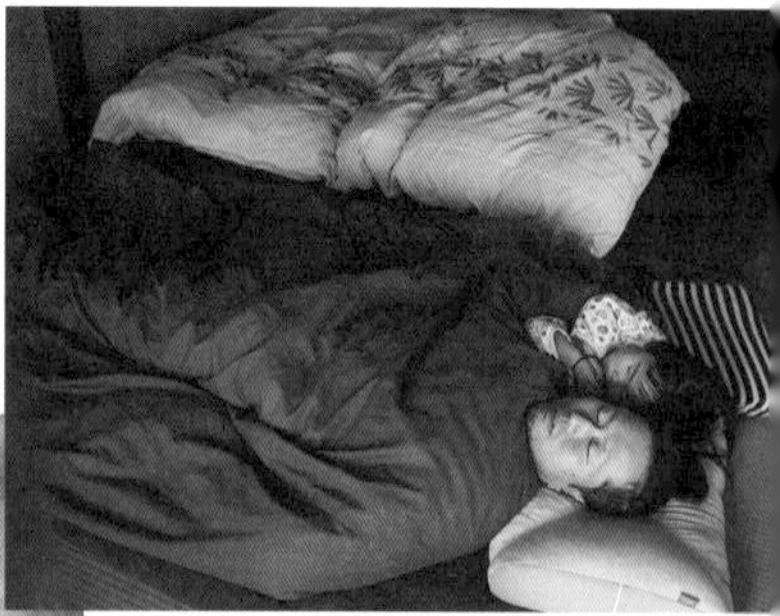

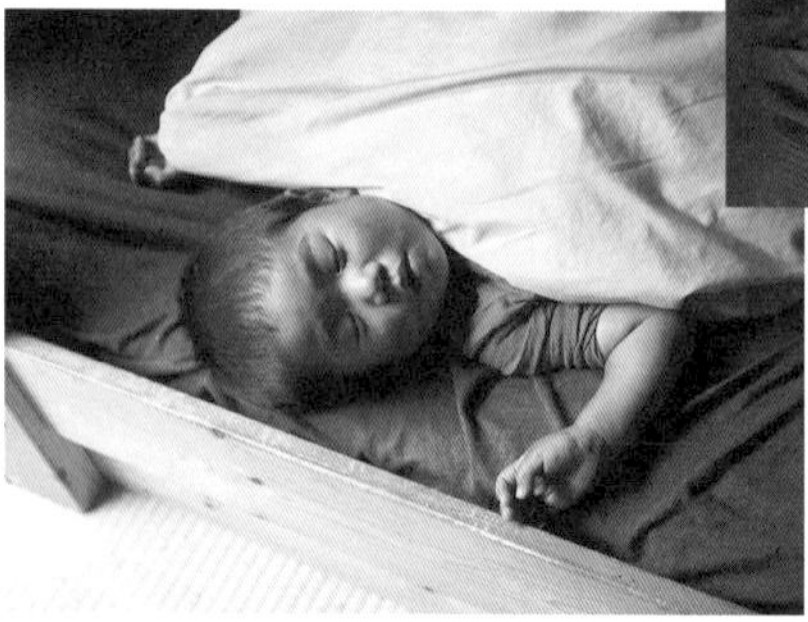

午後

お昼寝から目が覚めたら、張りきって活動再開。あゆみんもスーさんも暮らしに必要な仕事を続けます。わなに動物がかかっていた日は、腸などの内臓を丁寧に洗います。担当はあゆみん。「冬は水が冷たすぎて何かの罰ゲームみたいに感じることもある。でも大切な命をおいしくいただくには手を抜けない作業でもあるのよね」

夕方

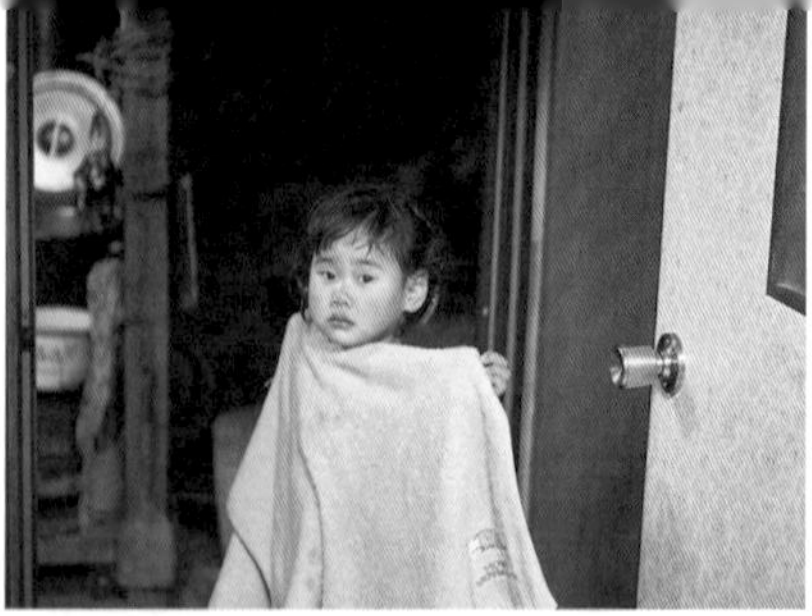

日が傾いてきました。夜を迎える準備を始めます。季節によりますが、夕食前に入浴できるように、五右衛門風呂の釜に火を焚き、お湯を沸かします。学校から帰ってきた子どもたちは動物の世話をし、宿題を済ませます。あゆみんは乳しぼりのため、ヤギ小屋へ行きました。スーさんは夕食のメニューを決め、支度を開始します。

スーさんのモットーは「おいしいものを食べるために妥協しない」です。味優先のため時には完成直前で作り直すことも。かつては、お腹を空かせて待っていた雨種や然花が寝てしまうこともありました。でも、妥協することなく完成した夕食はとてもおいしい。家族みんなが、お腹がぱつんぱつんになるまで完食しちゃいます。

夕食

夜

夕食が終わったら遊んだりせず寝る準備。スーさんは小さな人たちの仕上げ歯みがきをします。9時前には家の中から子どもたちの声が消えました。スーさんとあゆみんはお酒を飲んでくつろぐこともあれば、疲れた日は子どもたちと一緒に寝てしまうことも。夏は窓を開けたまま、蚊帳を吊った中で眠ります。

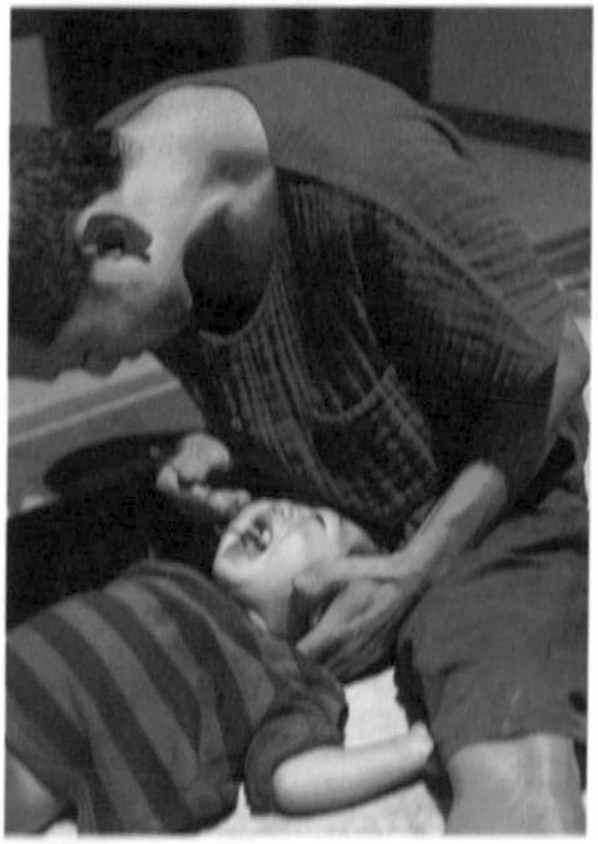

食べるいろいろで一日が終わっていく

自給自足に生きていく

わな猟

1

わなを仕掛け見回りをし

たとえば猪なら、1週間前の足跡、昨日の足跡から動物の動きを見定め、よく通りそうなところに目星をつけてくくりわなを仕掛けます。

わなを仕掛けてあるときは、午前中、見回りに行きます。動物がかかっているかどうかをチェックするためです。

2

素早く仕留め

わなに猪や鹿がかかっていたら、スーさんは剣ナタで絶命させます。その後、車で自宅へ運び、血抜きなどの処理を行います。

3

内臓を取り除き井戸で冷やす

血抜きや内臓を取り出す作業は自宅の庭先にある専用の水場で行います。その後、肉を落ち着かせるために水で冷やします。

「以前は共同の冷やし場を使っていたけど、最近はうちの井戸で冷やしているよ」

肉が十分に冷えたのを確認して、解体と精肉の作業スタートです。

解体し精肉にする

1 皮を剥いで

鹿の頭を下に吊るして、手製のさばきナイフで皮を剥ぐ。脚先を切り落とし、皮と肉をつなぐ筋を断つようにしながら皮を剥いでいく。手早くかつ丁寧に作業する。

2

胴体の肉を外し

まず頭と脚を外し、胴体の内側につくヒレ肉、あばら周辺のバラ肉を外す。胴体の背骨に沿ってつく背ロース肉を外す。

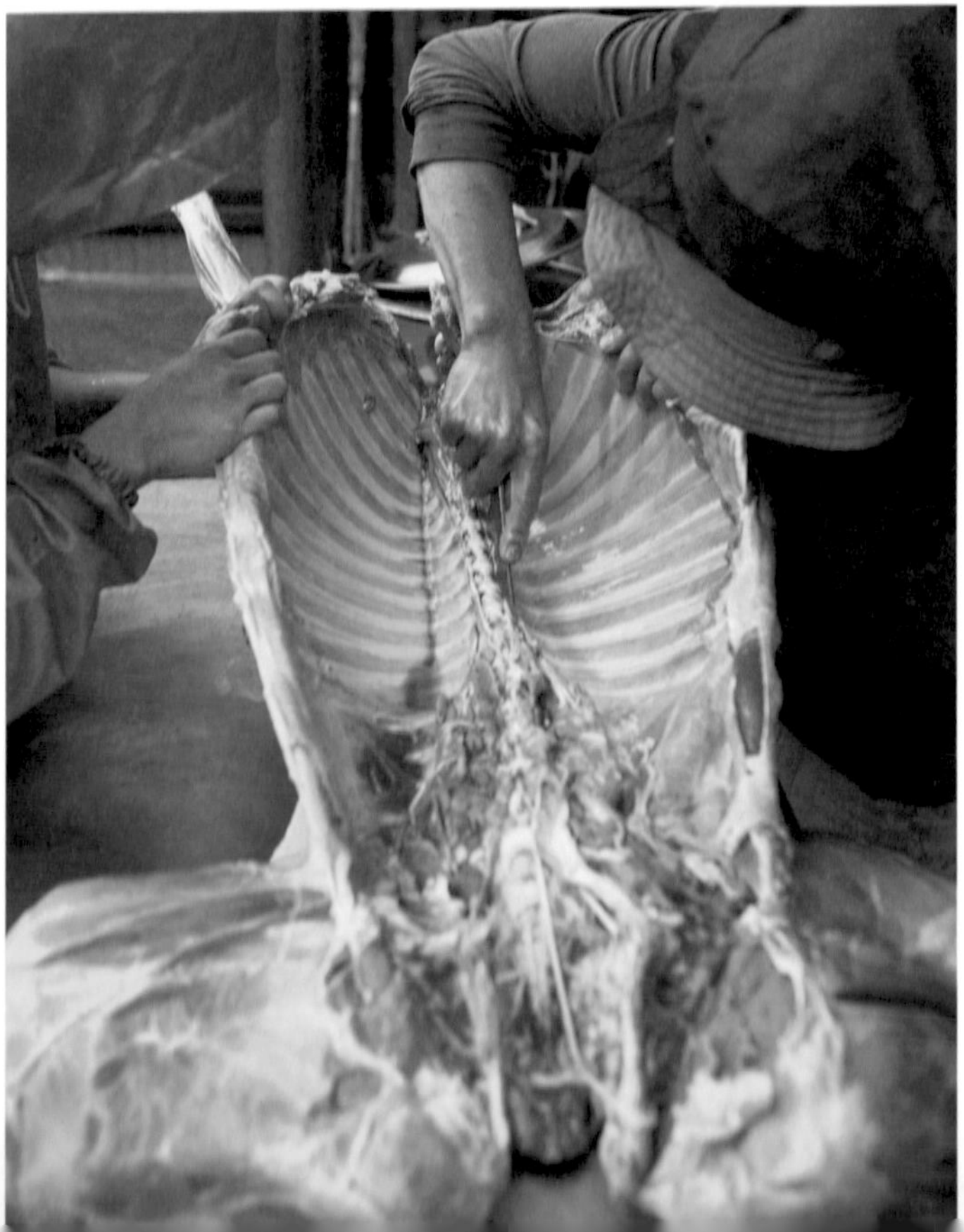

3

部位別に切り分け

先に外した脚は骨を取って大きいもも肉の塊にする。他の肉もブロック状の塊に切り分ける。精肉する際には、筋や膜などを取り除いておく。

人間が食べる部位を犬や猫におすそ分け。食べきれない分は肉醤に。

4 冷凍・冷蔵庫に保存する

保存袋に入れて部位を記し、冷蔵庫で保存する。食べきれないときは友人に送る。「お金はもらわない。山の恵みは絶対にお金に換えません」とスーさん。

自然の摂理を肌で感じる暮らし

〝日本一の清流〟といわれる穴吹川が流れる徳島県の穴吹町。岩間を流れる清流と並行するように走る国道から、くねくねと曲がる細い道を上った、その突き当たりに廣川家があります。赤い大屋根が目印の築140年の平屋です。

第二子の妊娠を機に、子どもたちに安全な環境と食べ物を与えたい、百姓的な生き方をしてみたいと自給自足と物々交換な暮らしに憧れて、神奈川県からあゆみんの故郷・徳島への移住を決意しました。

今では三男二女の5人の子どもに恵まれて、たくさんの動物とともに、マイペースに暮らしています。

「食については、とても大事に考えているよ。食べることは、命を育てることだから。産地がわからなかったり、添加物や保存料などが入ったりしたものでなくて、自分たちが捕ったもの、育てたもの、作ったものを子どもたちに食べさせたいという、とても強いこだわりがある。だから、市販のお菓子やインスタント食品、学校給食もNGにしている。まぁでもね、給食のジャムを持ち帰ってくることもあるよ。本人は隠してるつもりでもバレバレ（笑）。中学生になった和楽は、お小遣いで市販品を買っている。仕方ないよね。本当は嫌なんだけどさ」とスーさん。

廣川家では、野菜、果物、肉、魚などの食材は、ほぼ自給自足の状態です。果実は庭や畑に実りますし、時にはご近所からおすそ分けをもらうことも。肉は山で猪や鹿を、魚は川から。「海も、たまにね」とスーさん。

味噌、醤油などの調味料は、自家採取の種で育てた大豆や小麦、麹を使って仕込む自家製です。

廣川家には、これから体をつくっていく子どもが5人もいるので、どうしても今は「食」が暮らしの中心です。たくましく健康に育ってほしいと願う、親としての強い愛情があるからこそ、あゆみんとスーさんは、一日のほとんどの時間を食にまつわる仕事に費やします。

畑を耕し、野生動物を捕る。収穫したものを食べられるように加工する。そして、保存したり、調理したりと手を加える――。今日の食事の支度もしなければいけません。

「将来は、住も衣も、自給自足的に暮らしたいと思っている。竹でざるやかごを編み、ナイフを作ったり、石積みの補修をしたり。皮をもっとうまく鞣(なめ)せるようになって、モカシンシューズも作りたい。プラスチックなどの石油製品は最低限に、時間をかけて上に還っていく自然素材をなるべく使い続けたい」

越してきた当初、スーさんはまだわな猟の免許を持っておらず、お隣に住む大将のお手伝いをしていました。大将は地元の大先輩で、狩猟の師匠です。大将のわなに猪がかかると、近所の有志が集まって解体し、肉を分け合います。スーさんはみんなが「いらない」という内臓まで持ち帰って、家族で大事にいただきました。そうして狩猟免許を取得するまで、大将から猪や鹿の肉を分けてもらっていました。

神奈川で暮らしていたとき、あゆみんとスーさんは「肉なんて食べないよ」というベジタリアンでした。しかし、山深いこの集落で、野生動物の命と向き合ううちに、気づいたら、考え方が変わっていました。

狩猟免許は、越してきて2年目に取得。免許には4種類あり、スーさんが持っているのは、わな猟の免許です。

「そろそろ食べる肉がなくなってきたなぁと思ったころ、どうぞおいしいわたしを食べてくださいと言わんばかりに、猪がわなにかかってくれる。だから、必要以上に捕ることは決してしない」

わなにかかった猪や鹿は、剣ナタで刺して絶命させます。

「捧げてくれた命に対する、せめてもの感謝の気持ちとして、丸ごと全部を大事にいただいています！」

廣川家全員、猪も鹿も、どちらも大好物のごちそう。

「このあたりでは、圧倒的に猪が人気。鹿はあまり喜ばれていないんやな。鹿の肉は臭いというイメージが強いみたい。でも、ちゃんと処理できれば、臭みもなくサイコーにおいしいよ」とあゆみん。

「鹿とはたまに山でひょっこり出くわすけど、ものすごく運動能力が高くて、軽快にギャロップしながら険しい山道を登っていく。だから、体が引き締まっていて、実においしい」とスーさん。

ストックがたまったり、大きなものが捕れたりしたら、友だちにおすそ分けしたり、米と物々交換したり。

「山の恵みはお金に換えてはいけないと考えているの。本当にわたしたちの生きる糧になってくれている」とあゆみん。

スーさんもあゆみんも、動物の命をいただくことに葛藤がないわけではありません。

「初めてにわとりを絞めたとき、ものすごい抵抗があった。それはとてもはっきりした命だったから」とスーさんは言います。狩猟を始めたころには、辛くて泣いたこともありました。

「わなにかかった鹿は、おびえた目をしてこちらを見るので、自分がすごく動揺する。わな猟では止め刺しといわれる、剣ナタでとどめを刺す行為があって、最初のうちは厳しかったな。大将はお酒を飲むたびに『スーさんは初めて山に入ったとき、おー、おー、おーと大声ばかり出して、あのころは剣ナタが少しも前に出ていなかった』と、繰り返し語ってるよ（笑）。今は、なるべく楽に死なせるためにはどうすればいいかを一番に考えてる。それ以外の余計なことは意識せず、声も上げず淡々と止め刺しをしている」

あゆみんも言います。

「わたしも、止め刺しのとき、かわいそう、ごめんね……と、ぼんやりとした弱い気持ちになるのは無責任、失礼だと思うようになった」

なぜなら、猪や鹿のほうこそ「わなにかかってやばいな、大失敗したな」と悲しくて悔しい思いをしているに違いないから。

「それなのに、わなを仕掛けたわたしたちが中途半端な情けをかけることに、違和感を覚えるの。猪や鹿からは、おまえたち、おいしく食べてくれよ、しっかり生きろよ、ちゃんと山を守れよ、と言われている気がして仕方がない。何ができるかわからないけれど、必ず恩返しをするからね、といつも心の中で叫んでいるよ」

スーさんが仕掛けたわなで、猪や鹿の運命が変わる。そうして受け取った命は感謝して手を合わせておいしく食べ、自分たちの中に生かし、つないでいくしかありません。

命は絶え間なく巡っていく。自然の摂理を肌で感じる暮らしです。

おいしい鹿骨スープができたから

数日前から、庭で煮込んでいた鹿骨スープがおいしくできました。今日のお昼ごはんは、このスープを使ったスーさん特製ラーメンです。

小麦粉　　自家製にがり

自家製にがりと小麦粉をそれぞれ計量し、混ぜ合わせて、こねます。

おいしくな〜れ
おいしくな〜れ

袋を丁寧に畳んで
生地を密閉したら、
棚の下で寝かします。

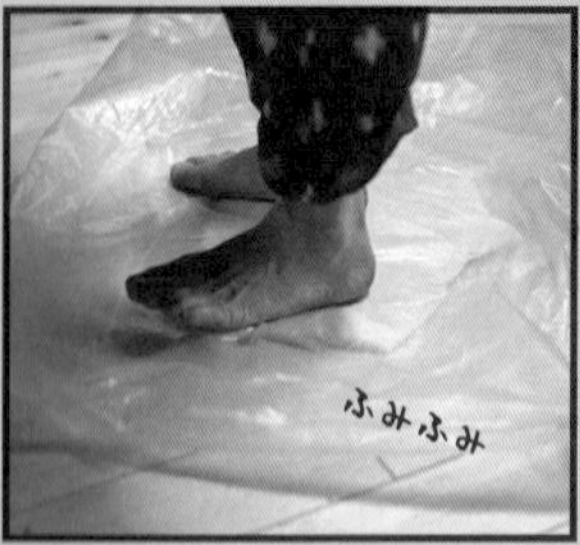
ふみふみ

何ラーメンがいいかな？
タケノコと鹿肉と玉ねぎと、
五目ラーメンみたく
しようかな……
・・・考え中・・・

ところがキクラゲが
少ししか採れません

よし、もう少し
竹林の奥へ行ってみよう

【キヌガサタケ】

カサの内側から伸びた白いレース状の姿から「キノコの女王」と呼ばれる。中央の黒緑色の部分から悪臭を放つ。中国では高級食材とされ、食べる際は黒緑色の部分を洗い流す。日本でも乾燥したものが販売されている。濃厚な出汁が出るので廣川家では汁物にして食べている。

花嫁衣装のレース
みたいだよね
汲み取り式便所のような
ニオイです
これこれ
このニオイ♡
みんなクサイって言うけど
食べるとおいしいのになあ

帰宅すると、あゆみんがあんかけを作っているところでした。

スーさんはあゆみんにキヌガサタケをあんかけに加えるよう頼み寝かせていた生地を製麺します。

タネ〜、洗ったら
あゆみんに渡してね

キヌガサタケの黒緑の部分から
嫌なニオイが発生しています。
まずはそこを取り除き、流水で
丁寧に洗ってから、調理します。

生地は古い製麺機で平たくのばし

パスタマシンで平麺に製麺します。

え!? あゆみん、輪切りにしたん?
うん♡ スーさんが小さく切ってって言ったでしょ。ダメだった?
……え、あ、いや、いいよ。あ、ありがとう……

スーさんが思っていた切り方とは異なっていたようです。
あゆみんが準備していた五目にキヌガサタケと溶き卵を加え、麺を熱湯でゆでたら、本日のお昼ごはん「スーさん特製・五目ラーメン」の完成です。

完成！

キヌガサタケ
うまっ
全然ニオイが
気にならない！

13:00

今日も命に感謝して いただきます

五目ラーメンの作り方は141ページ

次回は
キヌガサタケを
天ぷらに
しようかなぁ
Zzzz

野菜は自然農法でマイペースに

廣川家の畑はいわゆる自然農法。自家採種の固定種の種を蒔きますが「自然農法にこだわりすぎて鼻息荒くやっても、収穫できなければ意味がないよね」とあゆみん。

そのため採種が難しいものは固定種の専門店で買う、あるいは苗を買ったり、得意な友人に分けてもらったりするなど、妥協するところは妥協しています。「いちばん大切なのは、自分たちの畑で収穫したものを食べること。自分たちで妥協したことなら、どの程度の手抜きなのかわかっているので安心でしょ」

植物の命をいただく

「動物の命ほどはっきりと見たり感じたりはできないけれど、野菜にだって確かに命が宿っている。だから、野菜を食べることは野菜の命を奪うこと。山の猪と畑の大根との間に、命の区別はないでしょ」とあゆみんは言います。

ベジタリアンだったとき、そんなふうに考えたことはありませんでした。「動物でも野菜でも、わたしたちの体は、数えきれない命のおかげで生きていけている。ものすごく広く解釈したら、火も、水も、土も、すべてが命。たくさんの命との有機的なつながりや、すべての自然の恵みに感謝することを忘れずに生きていきたいと思ってるよ」

廣川家の畑は、耕さない、除草しない、肥料や農薬を与えない、いわゆる自然農法。天気や虫などの影響は、いいも悪いもダイレクトに反映されます。

「畑を始めたころなんて、大根も白菜も、コオロギにやられて、冬野菜はうまくいかなかったなぁ。種を蒔いたら食べられて、苗になっても食べられた」とスーさん。

コオロギの大発生で、残念ながら、全滅してしまったのです。

「畑にはもともと、イモ虫やアリの幼虫などがお住まいだけど、年によって大発生する種がいて、コオロギの前はカメムシだった。虫は地球とのバランスを取りながら、気候変動や環境汚染などを伝えにきているのだろうなぁ。そこまではわかるけど、まだそのメッセージをしっかり受け取れん」とあゆみん。

犬の散歩の途中、スーさんが酸葉（すいば）を摘んでいました。酸葉はタデ科の多年草で、昔から春先の山菜として食べられていた野草です。塩でもんでアクを抜いて、サラダにして食べる予定。

「うちは野菜づくりが下手だから、代わりに野草を摘んで食べてる。アク抜きの方法はネットで調べるけど、レシピは載っていないから、自分の舌で調理する。置かれた環境に身を合わせるとね、食べるものには困らないと気づいたんよ。雑草なんて草は存在しとらんし、そこら辺に食べられるものが生えてるわけだから。みんなが野草を食べるようになったら、あちこちに除草剤をまかんくなるのになぁ」とスーさん。

稲作に挑戦！

1 育てた苗を水田に運ぶ

今日は梅雨の晴れ間。待ちに待った田植えの日です。泥んこになってもいいように女の子たちは水着に、男の子たちはTシャツと短パンに着替えて準備OK。裏庭の日当たりのいい場所に保管していた苗を軽トラに載せたら、山の下の田んぼへ出発です。

苗は、友人から種籾をもらって育てたもの。田んぼにはすでに水を張り、今日に備えてきました。

廣川さまが混ぜるから土はやわらかくなりますよ〜

2 水田の代掻きをする

稲を植える前に、みんなで代掻きをします。代掻きというのは、田んぼの土を細かくてなめらかな泥状にすること。稲を大きく育てるための大切な工程です。通常は機械で行いますが、廣川家はもちろん足と鍬を使った人力。最初はまじめに代掻きをしていましたが、そのうち、泥んこ遊び状態に。最後は家族全員でビーチフラッグの真剣勝負。勝ったのはスーさんです。

自給自足により近づくために

2023年、廣川家に新たな挑戦が始まりました。米づくりです。

自給自足の物々交換な暮らしに憧れ、徳島の山間に移住してきて12年。これまではあえて米づくりを避けてきていました。

「様子見してた感じかなあ。子どもたちが幼かったというのもあったよね。田んぼに手を出すと、生活にシワ寄せがくると思っていたから。猪や鹿の肉との物々交換でお米は入手できていたし、無理してまでやろうとは思ってなかった」と、あゆみん。

「でも、自給自足に暮らしてます！と言いながら、お米をつくってないのもねえ。完全じゃないでしょ。なんとなくお尻がモゾモゾしちゃってた」

条件に合う田んぼを借りられれば、そろそろ挑戦してもいいかも、とスーさんと話すようになったのが数年前。今年になって、縁が重なり、山の下にある、日当たりのいい田んぼを貸してもらえることになりました。

農家の友人から分けてもらった種籾を、裏庭で育苗しました。田んぼに水を張り、泥を細かくする代掻きを何度か行いました。6月中旬、梅雨の晴れ間に家族みんなで田植えをしました。もちろん人力です。機械に頼らず、手で苗を植えました。

「新米ごはんはどうやって食べる?」

「おいしい海苔をいただいたから、おにぎりにしよう!」

収穫を楽しみに、泥だらけになりながら植えました。ところが……。

育った稲に異変が起きています。もしかして……いもち病? いもち病というのは、かつては飢饉の原因にもなった稲の伝染病のこと。葉や茎に菌が寄生し、栄養不足となった穂は白く変色し実らなくなります。消毒すれば治りますが、廣川家は自然農法の無農薬栽培。

「消毒しなかったから、稲全体の4分の3が白くなってしまった。病気じゃない稲の穂も2回り小さいの。無農薬で育てていても、いもち病にならない田んぼもあるんだよね。う〜ん、苗の育て方かなあ」とあゆみん。

10月初旬に手刈りで稲刈りを行い、米づくり1年目はおしまい。楽しみにしていたおにぎりは小さかったけれど、これも経験。来年につなげます。

土用の丑の日といえば……

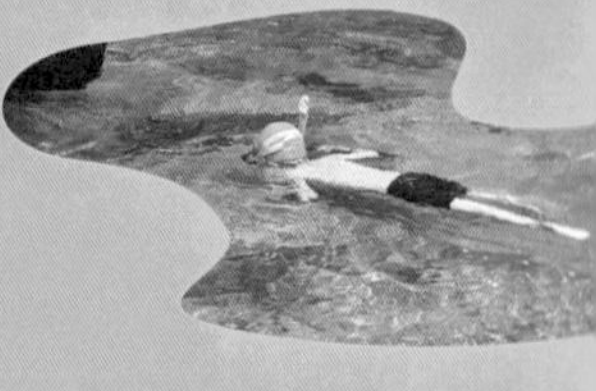

夏場、スーさんは手銛（てもり）を持って穴吹川に潜り、おかずを探しに出かけます。川で捕れるのは、なまず、鯉、うなぎ、どじょう、モクズガニ、ジンゾク（カワヨシノボリ）など。銛突きでの漁は、法的には問題はありません。なまずや鯉などの大物が捕れたら、その日の漁はおしまい。今日の狙いはうなぎかなまずです。

1 なまずを捕りに川へ行く

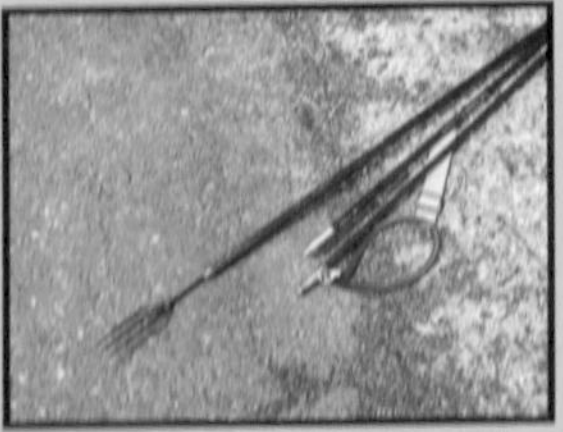

川に着いたら、よもぎを潰して水中めがねのくもり止めに使います。準備ができたら手銛を持って漁へ。遠くのほうまで泳いでいったのかなかなか戻ってきません。長いときには、4〜5時間も漁に行きっぱなしです！

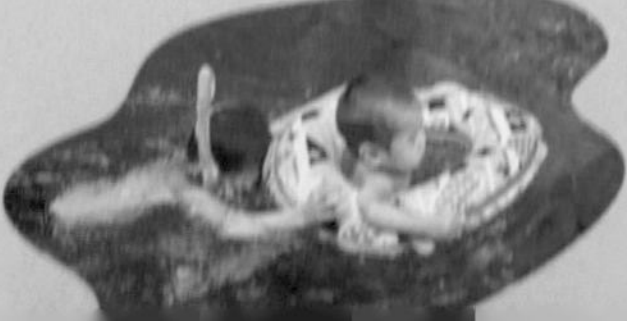

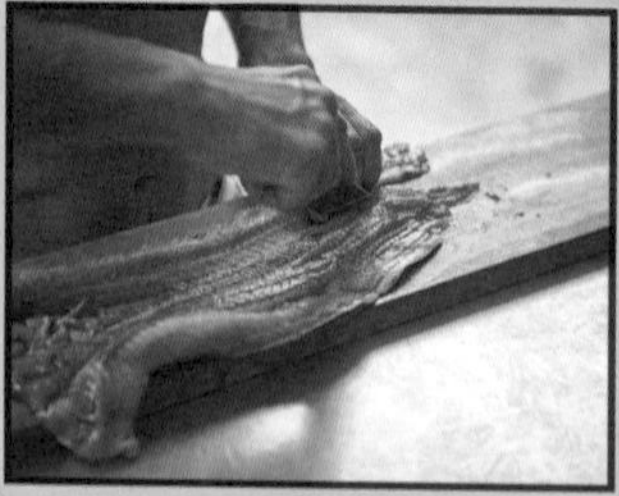

2 捕れたなまずを捌（さば）く

捌き方はネットで検索。いろいろ試して、自分たちに合った方法を見つけました。ぬめりが強いなまずですが、目打ちした後、包丁をすべらすようにして背開きにします。

3 保存している竹で串を作る

なまずを焼くときに刺す串もスーさんは竹から作ります。納屋に上って保管している竹を1本持ってきました。

なまずには串が必要やったなあ

竹を1本、持ってきて

切り始めたけれど……

なぜか止めてナタを持って山へ

4

裏山の竹林から新鮮な青竹を切り出す

納屋に保管していた竹は乾燥しすぎていてうまく串になりません。そこでスーさんは裏山へ。切り出してきた青竹できれいな竹串を作りました。

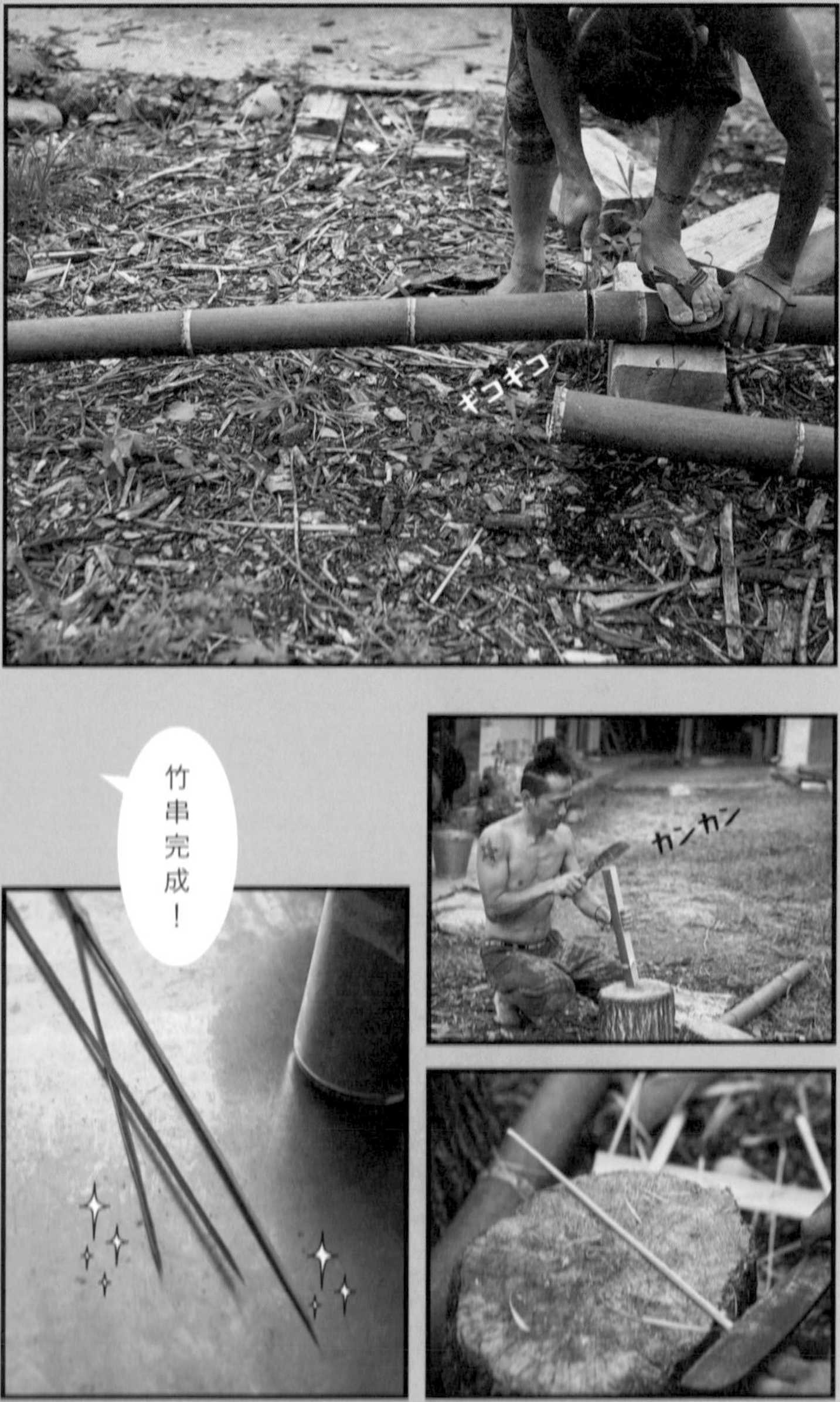
ギコギコ
カンカン
竹串完成！

5 なまずの切り身を竹串に指す

焼けるの待つ間に
体を動かす

6 炭火でじっくり焼く

火吹き竹の筒を口で吹いて、薪ストーブの火力をちょっと強めに調整します。

あゆみんと協力しながら丁寧に。

「焦がさんようにせんと」

ん〜、
火が弱いなあ

炭を足し
火力を上げる
フー
フー
フー
フー
フー
フー
フー

ジュー
ジュー

フーフー

7

両面、たれを塗りつつこんがり焼く

自家製の醤油とみりんなどで作った特製だれをつけながら、表裏返しながら焼き上げます。なまずの卵は塩漬けにしました。

8 副菜やごはん、汁物などを用意する

なまずは天ぷらや唐揚げにしてもいいし、水炊きでポン酢というのもおすすめです。「うなぎより脂分が多くて、むしろおいしいと思う」とあゆみん。

9

家族そろって
いただきます

時短とは真逆の食事の支度

「ごはんを食べるなら、できる限りおいしく食べたいよねえ」

スーさんの言う「おいしい」は、グルメな美食ではなく、命に感謝して、ありがたくいただくこと。

食材をリスペクトし、めいっぱい手間と愛情を注いで調理にいそしみます。当然、時短や手抜きなんてもっての外。本気でとことんやり尽くします。それも、楽しく、のびのびと。

「ある程度は不便でないと、人は成長しないと思う。ここに引っ越してくるにあたって、そういう降りていく生き方をしようと決めていた。忙しいから何でもかんでも時短するという考え方では、いつかきっと命の辻褄が合わなくなる」

たとえば落花生から作るジーマミー豆腐。数日前から水に浸けていた落花生をすり鉢を使って人力で細かくつぶします。

「これ、ミキサー使ったら、あっという間やろうな」

ある程度まですりおろしたら、水を加えて落花生汁にします。

「濾さなくてもいいかな。つぶつぶ食感もいいね」と言いながら、やっぱり布で濾すことにしました。葛粉を加え、火の上で混ぜながら固めていきます。「ひたすら混ぜる修行（笑）。混ぜてないと変に固まるし、焦げちゃうから」20分ほど混ぜ続けて全体がねっとりしてきたら、型に流し入れて冷やし固め、やっと完成です。

こんなこともありました。寒い冬の日、夜ごはんは土鍋で炊いたお粥でした。白米と猪の肉で作る熱々のシシ粥。そろそろ完成目前のタイミングで、スーさんが声を上げました。「あっ、菊いもを入れるの、忘れてた！」

「い～よ、菊いもなくても。早く食べよ～よ」とあゆみん。

「いや、ねぎもまだだし、おいしく食べたい！」

すっかりごはんだと思い、お茶の間に集合していた子どもたち。ふたりのやりとりを聞いて、ざわつき始めました。不穏な空気に2歳の然花は泣き出します。「ごめんね～。ごはんだよ～って、あゆみん、早まっちまったよ」と、あゆみんは子どもたちに謝りました。待つことしばし……菊いもが柔らかく煮えたようです。さぁ、塩で調え、最後にハコベを加えたらでき上がりです。

子どもたち

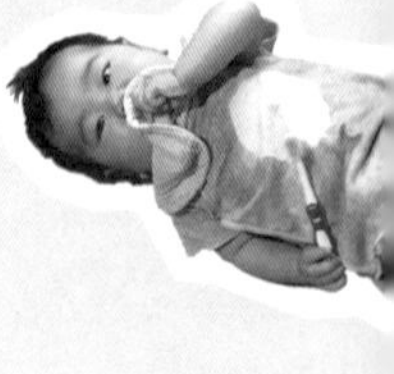

ひろかわぶへづさねんかなたまは

和楽

中学2年生

表彰状
佳作

廣川家の第一子、和楽は中学に入学して、お小遣いをもらうようになりました。でも家が禁止している、市販のお菓子を持ち込んでは散乱させることも多々。「弟たちが絶対に誘惑に負けるでしょ、持ち帰るのはやめてほしい」とあゆみん。中学生の和楽は体の基本ができていますが、弟妹はまだ途中。安全と判断したものしか食べさせたくないのです。

あゆみんとスーさんは、和楽にできる限り早く家を出てほしいと考えています。なぜなら外の世界を知って、いろんな価値観に触れてほしいと願っているから。「わたし自身、もっと早く家を出ればよかったと本気で思っているの」とあゆみん。

小学2~3年生

香川県の助産院で生まれた和楽は廣川家の長男として、動物たちの世話をし、弟や妹の面倒を見てきました。小学生になると赤ちゃんの然花をかわいがり、食事のときには隣に座って食べさせていました。

そんな何でも自分でできちゃう和楽にも苦手なことがあります。それが片付けと整理整頓。学校から帰ってくるとリュックの中身をひっくり返して広げたり、お茶の間で宿題をしたらごはんまで放置したり。一方、得意なのは計画的で約束の時間を守ること。小学校に行くときは、寄り道時間を含めても余裕のある時間に家を出発。あゆみんは「あらかじめボーイ」と呼んでいました。

穴吹

55

空太

小学6年生

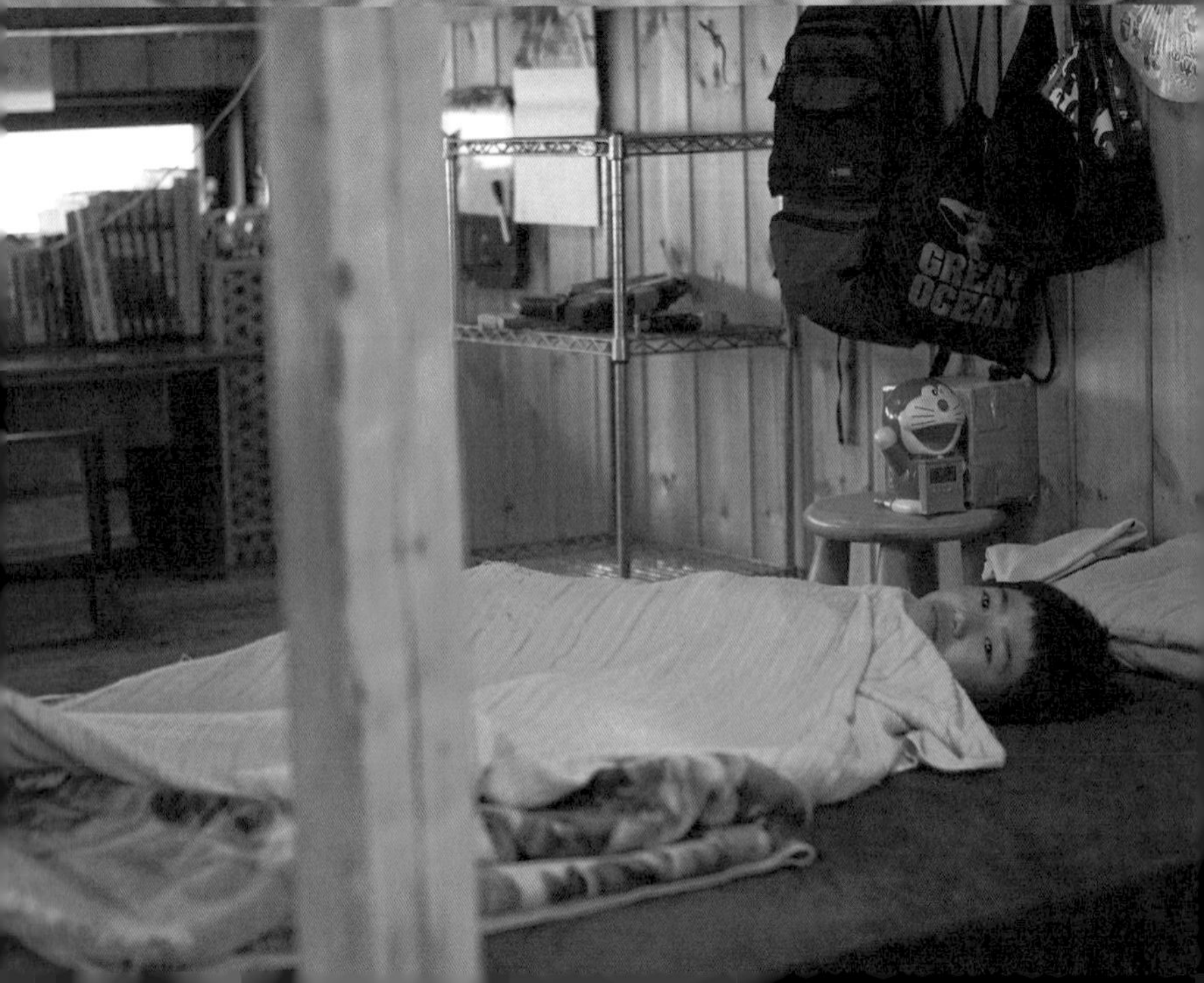
GREAT
OCEAN

第二子の空太は、小学6年生。言葉が達者でよくしゃべり、愛想がよくてコミュニケーション能力が抜群。整理整頓も得意で、自分の大切なものはきれいに保管しています。

今は妹の珠葉のことがかわいくて仕方ないらしく「クータ、いやあ〜！」と言われても、全然平気。珠葉が水をこぼせば、率先して後始末をするし、珠葉がぐずれば、寄り添ってあやします。小さかったころは余計な一言でスーさんに叱られることが多かったこともあり、スーさんを警戒している様子が見られましたが、最近はスーさんにちょっかいを出せるようになりました。「大人になったんだね」とあゆみん。

6歳〜小学1年生

はじめましての人にも物おじすることなく、サービス精神旺盛でコミュニケーション能力が高いのは、幼児のころからの空太の長所です。お客さんが来ると、家のことを説明したり教えたり、案内したりと、おもてなしの気持ちも備えています。

整理整頓が得意なのも昔から。小学校入学に向けて買ってもらったえんぴつなどの文具は、空太にとって初めての自分だけの持ち物でした。とてもうれしかったようで大切にしまっていました。

このころには、野生動物の解体も手伝えるようになりました。スーさんにナイフの使い方を教えてもらいながら、真剣に作業していました。

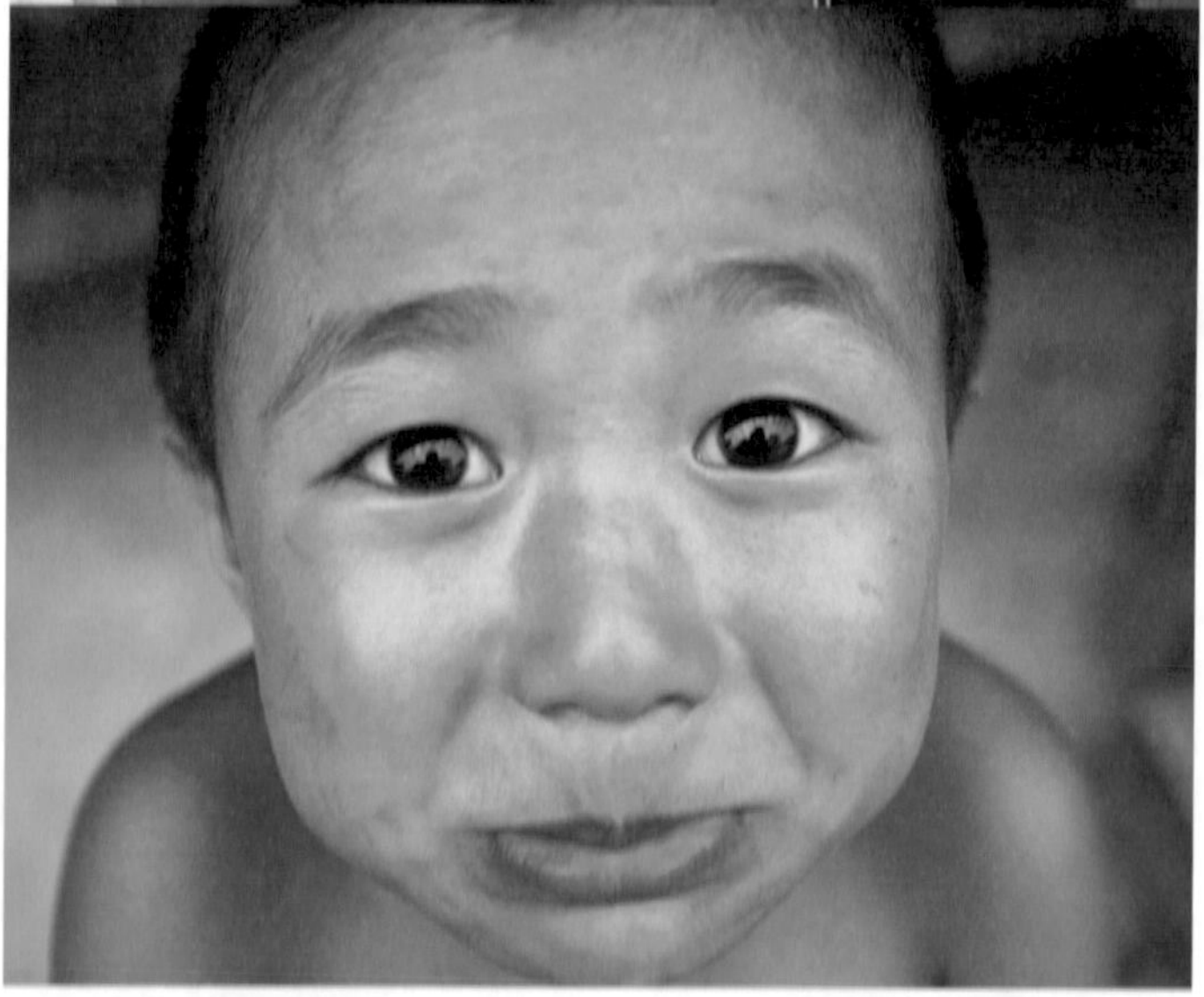

時
chocolat blanc
KOBE

adidas

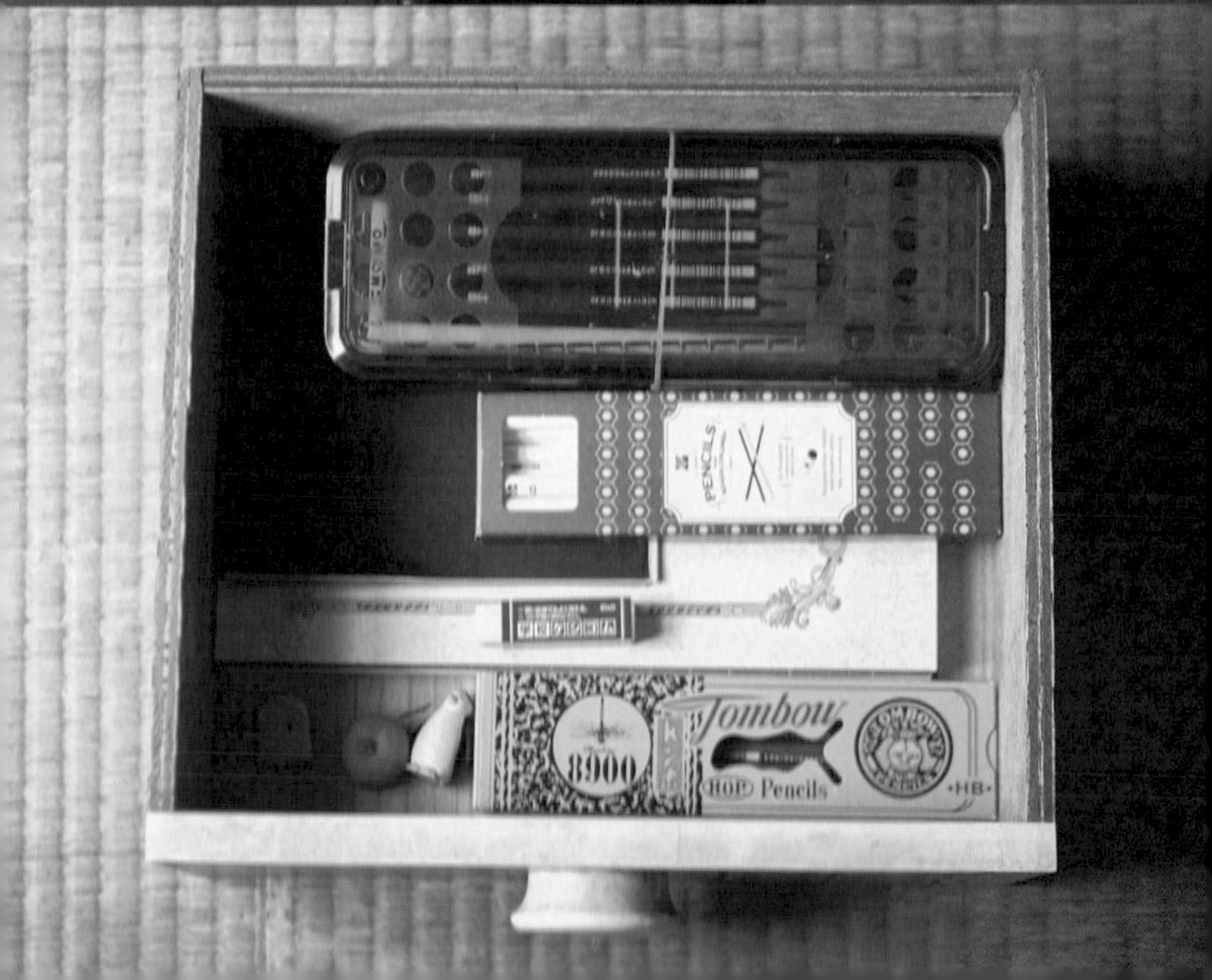
PENCILS
8900
Tombow
HOP Pencils
HB

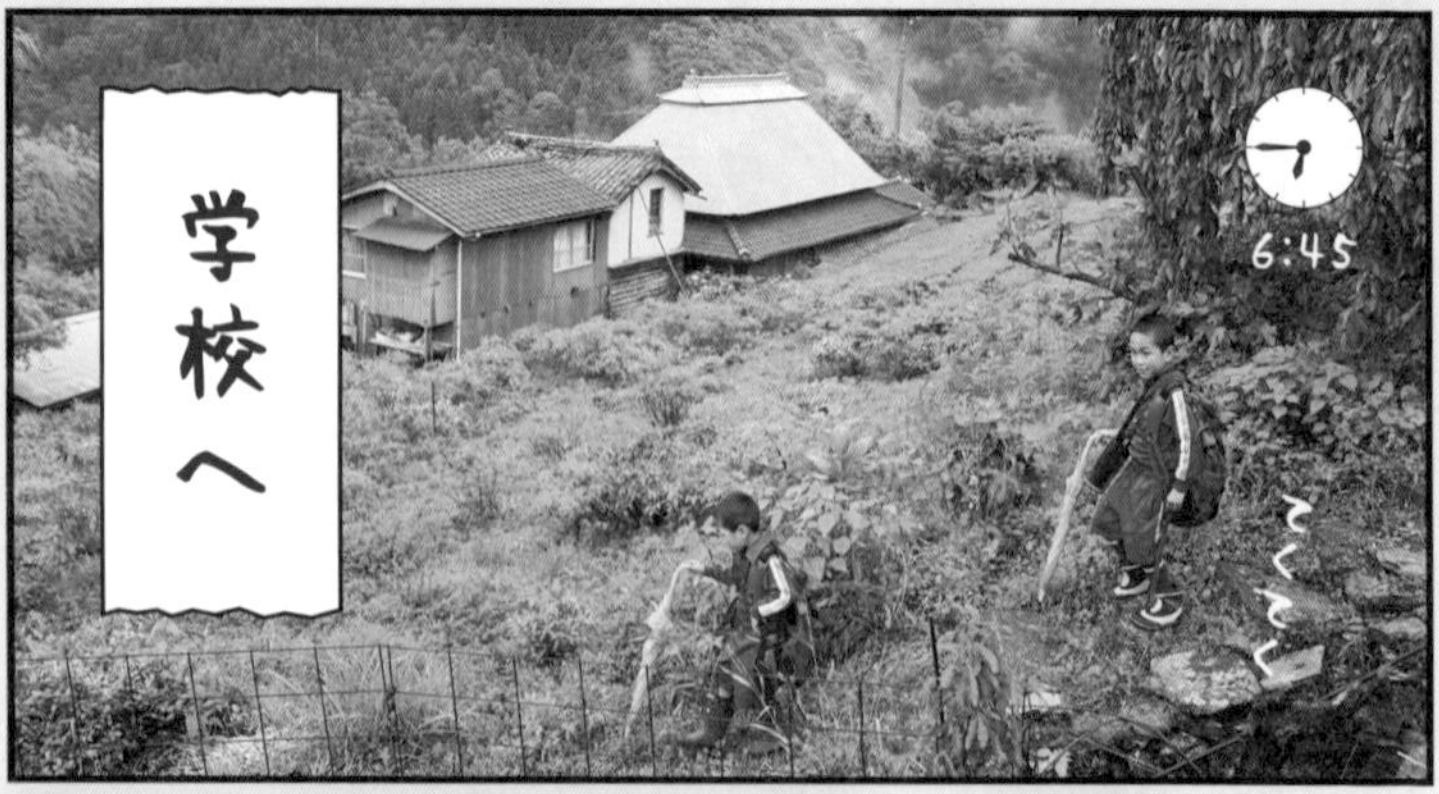

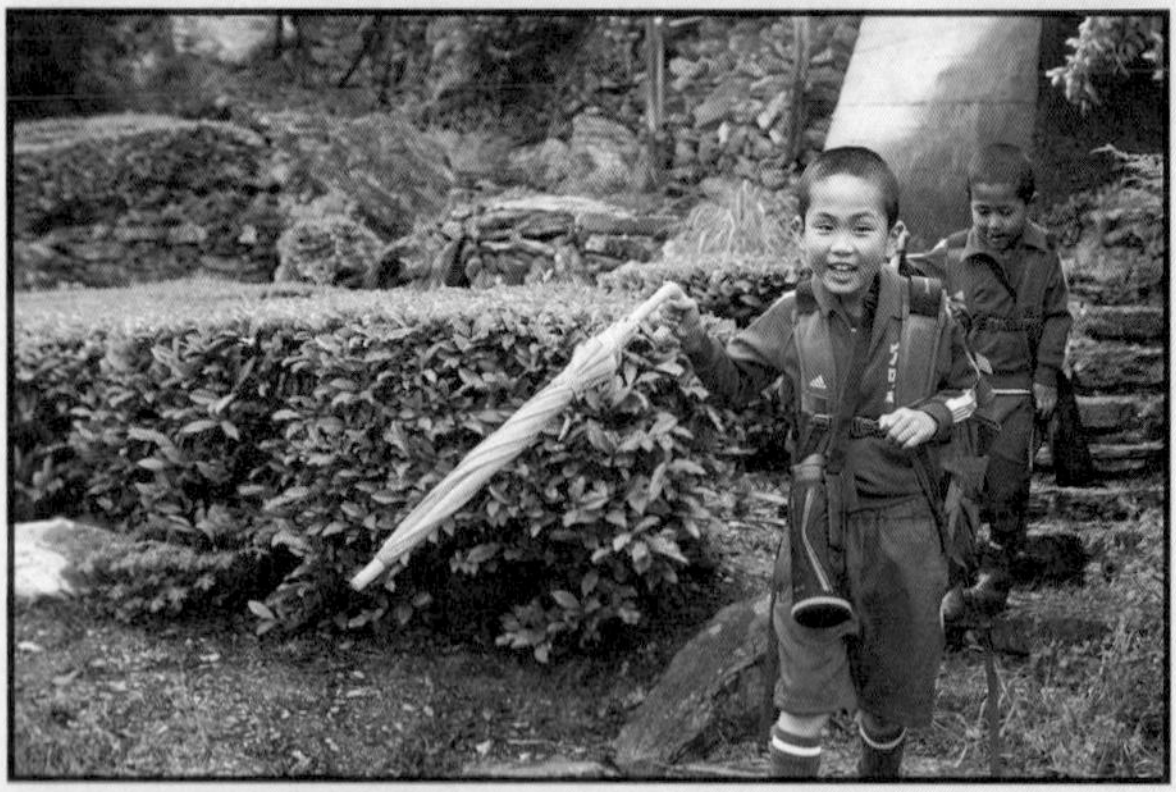

ふたりの通学路は、獣道、畑道、人の家の軒下

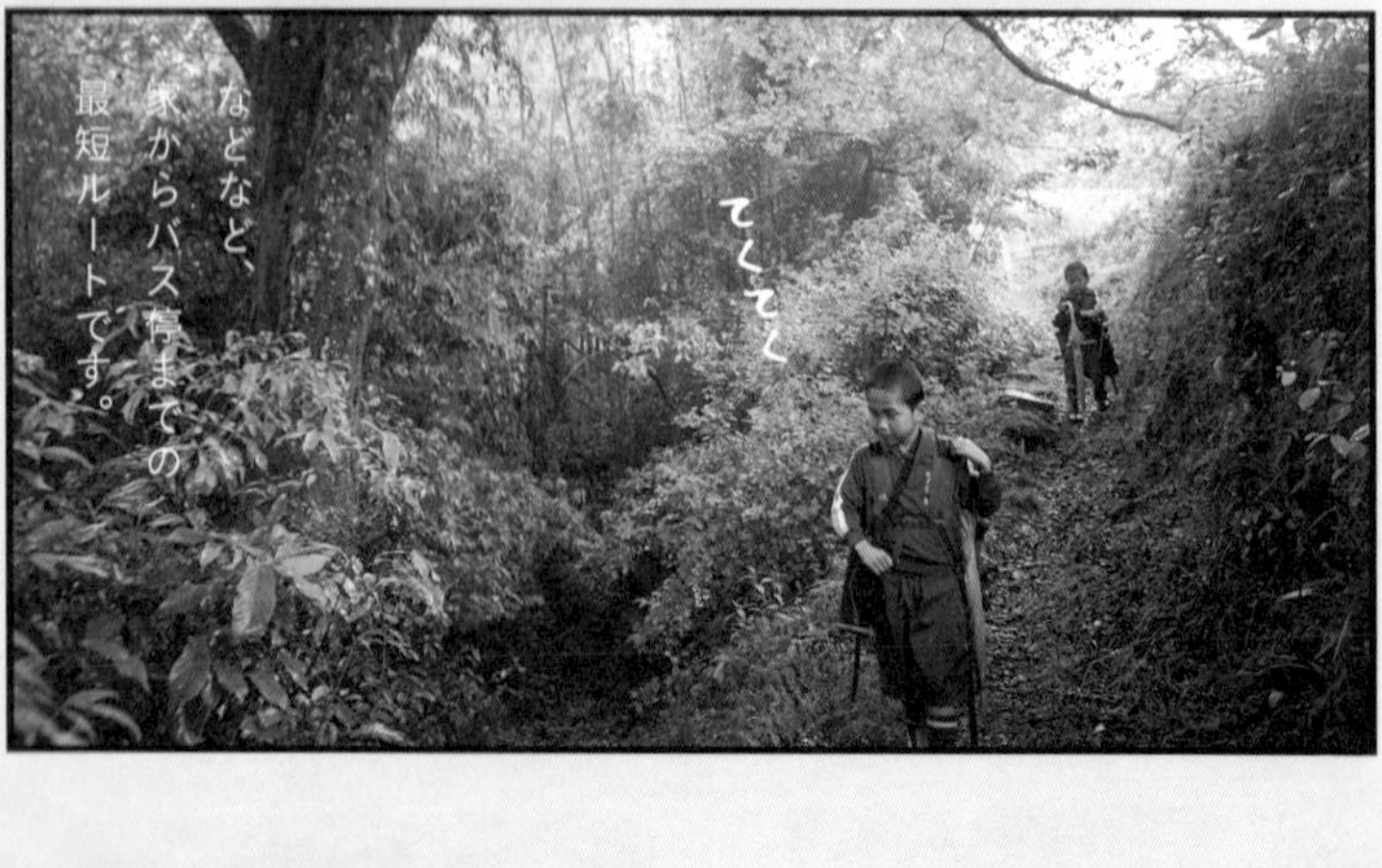

などなど、家からバス停までの最短ルートです。
てくてく

途中、道端に生えている野いちごや柿などの果実をつまみ食い。

好奇心のままに、あちこち寄り道しながら、時には兄弟らしい小競り合いをしつつ、

歩きます。

てしてし

だいぶ寄り道をしましたが、ゆとりを持って家を出ているので、
バスの時間には十分間に合います。

7:30

16:30
遠くに和楽と空太の声が聞こえました。
あ〜見えた見えた。やっと帰ってきた!
!

ら〜く〜

は〜い!!

今日は、バス停からの寄り道が多すぎて、いつもより帰宅が遅くなりました。もうすぐ夕食の準備が始まります。
スーさんはいま、お風呂に入っています。
「ちゃんと家の仕事もせんとな」とあゆみんはふたりを叱りました。
和楽と空太は大急ぎで動物を散歩に連れ出し、家の掃き掃除をしました。

雨種

小学4年生

第三子の雨種は、廣川家初の女の子。スーさんの愛を一身に受けて育ちました。小さかったころはやんちゃでしたが、今はひとりで静かに絵を描いたり、料理をするのが好きだと言います。

「タネはね、強い母性が備わっていると思うの」と、あゆみん。

小さい子がいると近づいてずっと抱きしめていたり、あやしたり。ときたま思い出したように「スーさんはタマちゃんばっかりかわいがってる」と言うけれど、それ以上に、雨種も珠葉をかわいがっています。だから、「わたしが珠葉のことを厳しく叱ると、雨種は深刻な顔をして珠葉に寄り添ってるよ。それもわたしをにらみながら」。

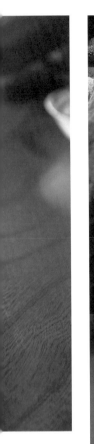

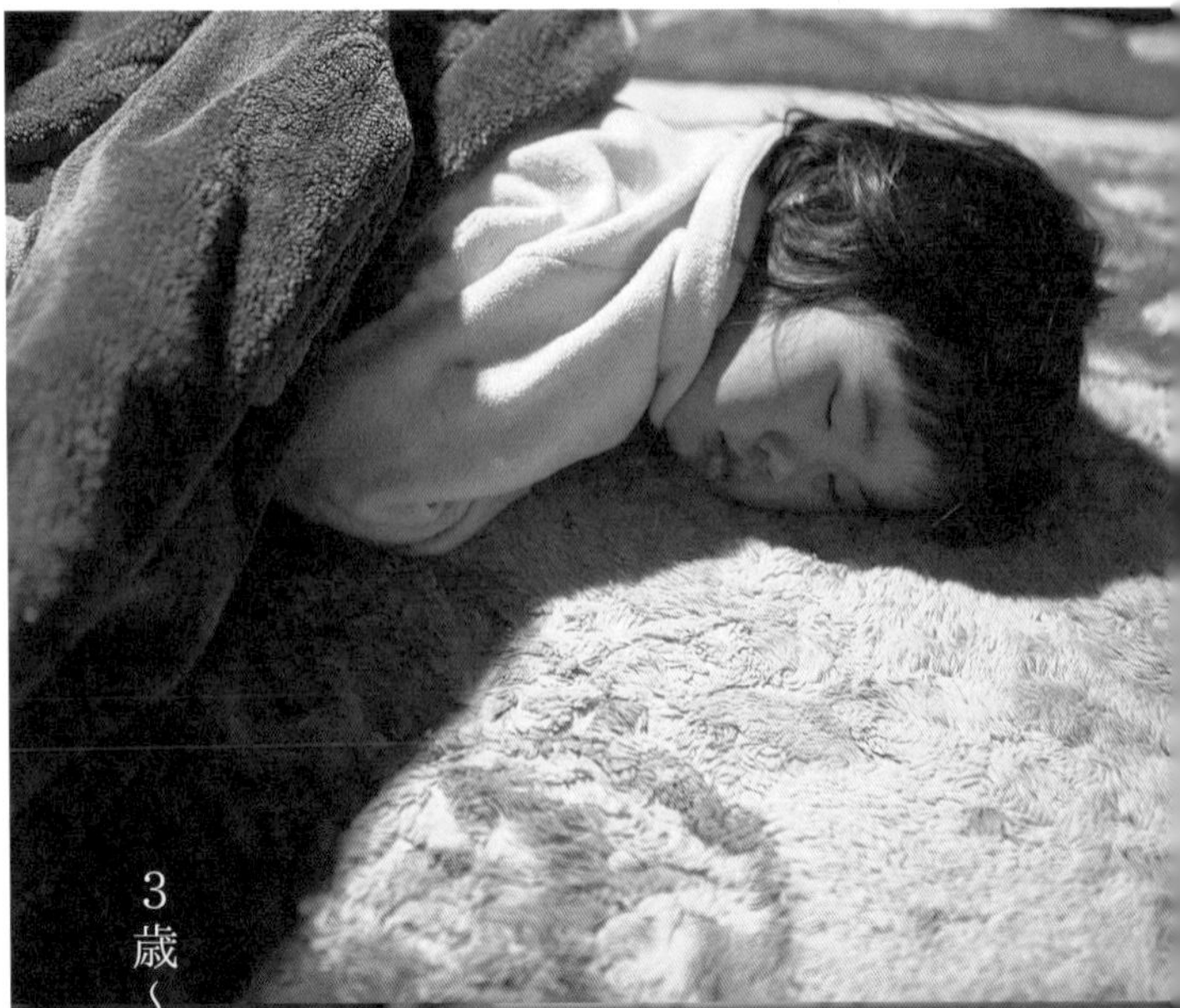

3歳〜4歳

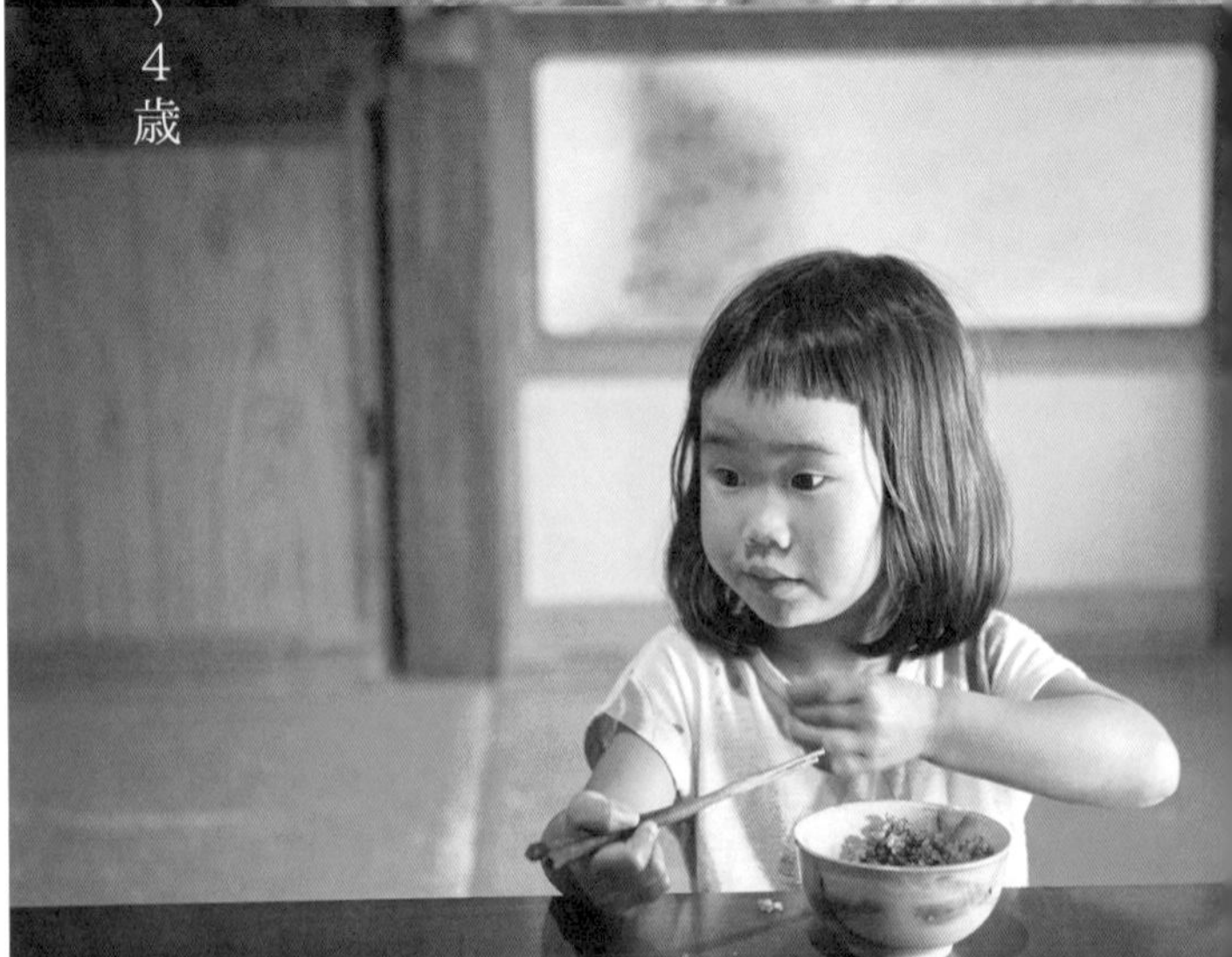

生まれたとき、小さな小さな赤ちゃんだった雨種。スーさんの愛情を一身に受けて育ちました。だから幼かった和楽や空太、然花がスーさんを警戒していても、雨種はへっちゃら。「タネ、スーさんのこと怖くない」と言います。

夜もお昼寝も、あゆみんではなくスーさんと一緒。小学生になって、子ども部屋の二段ベッドの上段にひとりで寝るようになっても、やっぱりスーさんと一緒がいい。だから思い切って頼んでみました。「月曜日の夜だけ、スーさんと一緒に寝てもいい？」と。以来、雨種は毎週月曜日、スーさんと並んで眠っています。

KUBO
PARTY

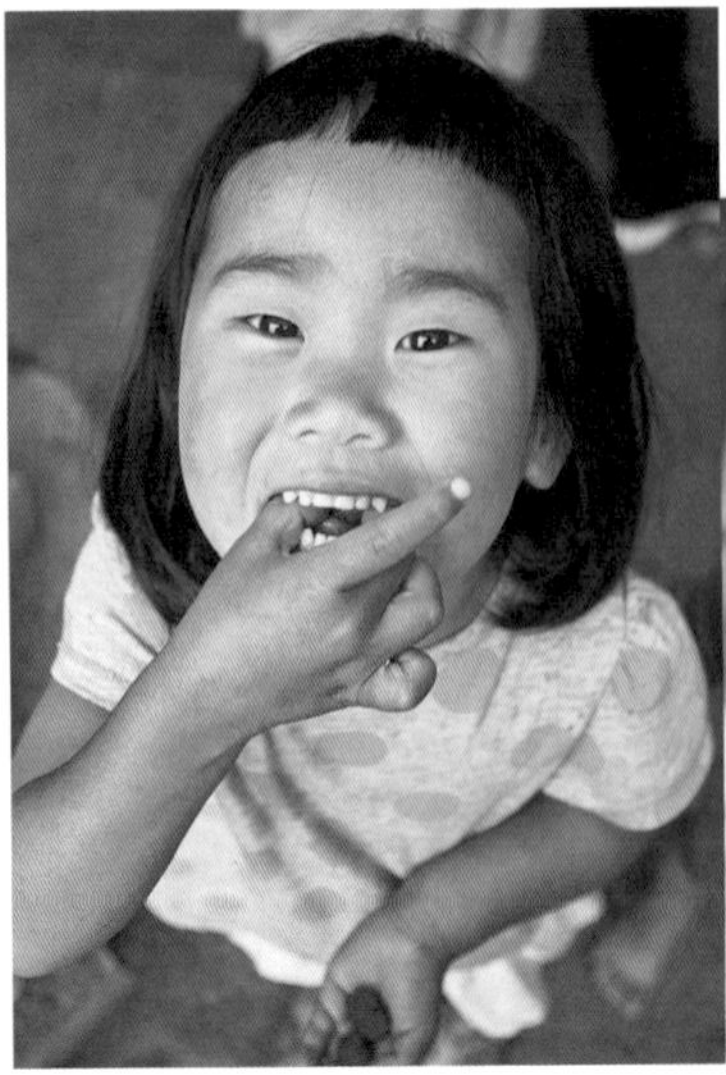

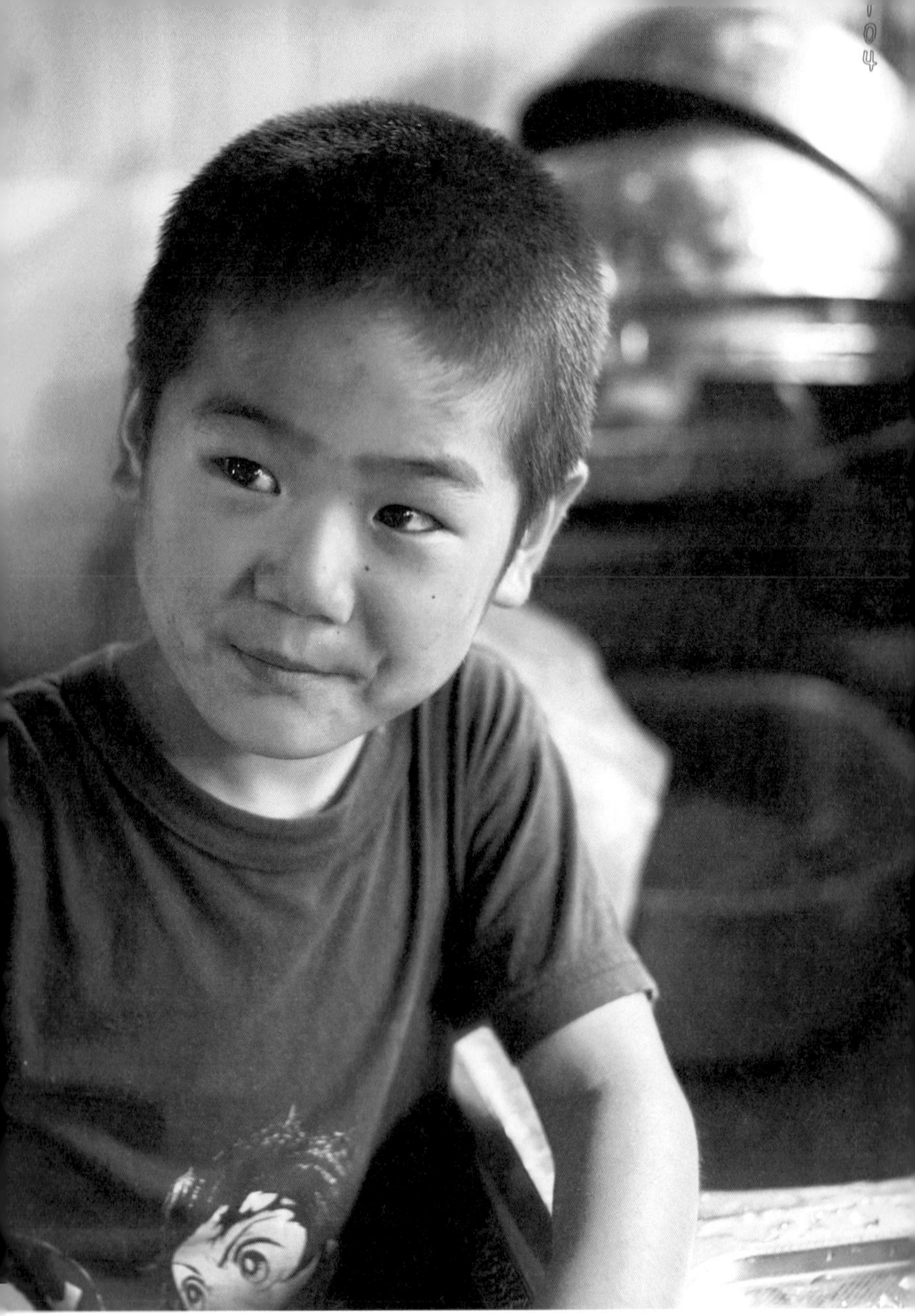

然花

小学2年生

第四子の然花は、珠葉が生まれるまで4人きょうだいの末っ子でした。赤ちゃんだったころは、特に和楽が然花をかわいがり、然花も和楽に懐いていました。お昼寝のときも食事のときも、おやつのときも、和楽が家にいるときはいつも一緒。和楽がいないときは、和楽のベッドでひとりでお昼寝をしていました。

　この関係は、然花が成長したいまはしばしば停止。兄たちから気にいらないことをされると、然花は逆らうようになりました。もちろん、仲がよいときもありますが、どちらかというと喧嘩することのほうが多くなりました。いつまでも赤ちゃんの然花ではないのです。

乳幼児だったころの然花は、ひとり遊びのできる男の子でした。いつもは声が小さくて、あゆみんに甘えたいときも、呟くように「あゆみん抱っこ」と一言だけ。

そんな然花が大きな声を出すのが、食べたくて泣くときです。もっとごはんを食べたいとき、食べたいおかずがもらえないとき、調理の様子が見えないとき、ここぞとばかりに大粒の涙をこぼして主張します。

然花のチャームポイントは、すぐに笑顔になれること。真っ赤な顔をして大声で泣いていても、「なぜ自分のおかずが少ないのか」など、状況を理解し納得できれば、ニコニコできるのです。

1歳〜2歳

然花、「傘を壊した罪」で逮捕!?

然花が学校から帰ってきました。
あゆみん 傘壊れた
なんやの、然花！ ただいまも言わんと、いきなり！

なあ、然花 壊れたんやなくて、壊したんやろ？
壊してない。壊れたんや
そしたらなぁ 道路で車とスーさんがぶつかったとするやんかぁ スーさんは車にぶつかったん？ ぶつけられたん？ どっち？
ぶつけられた！
ほな、傘も 壊れたやのうて 壊したやんか！
然花 傘を壊したら 警察につかまるんよ
え？ そうなの？

まだ2年生なんです、って
警察にお願いしたら?(笑)
あゆみん
傘壊した罪って
どんなんやった?
・・・
穴吹

たしか刑務所に
20年とかやったと
思うけど……
でも、然花は
まだ2年生やし……
初犯やし……

スーさんとあゆみんは話し合いました。
雨種の弟を想う気持ちを尊重して、
あゆみんが警察に「然花が傘を壊した罪を許してください」と
お願いすることになりました。
なんせ然花はまだ2年生ですし、初犯ですからね！

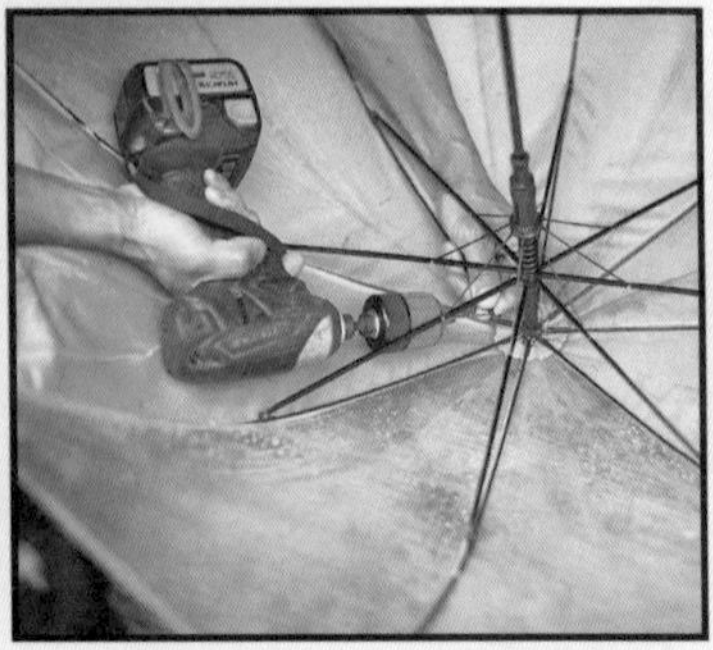

直りました！

ホッ

珠葉

3
歳

珠葉は廣川家の末っ子。3歳の今は、いたずら好きのやんちゃ盛り。
兄や姉がそうだったように珠葉もとても食いしん坊です。ごはんの支度が始まれば、おこぼれを待って近くをうろうろ。誰かがつまみ食いをしているのを見つければ、すすっと寄って「タマも〜」とアピール。そんなに食べられないでしょ、とあゆみんに言われても、年上のきょうだいと同じ量だけ欲しがります。
常にみんなに注目され、愛されて育ってきました。上手に自分の主張を通すなど、末っ子らしい、ちゃっかりしたところもありますが、明るくて表情豊かな珠葉に、家族みんなは構わずにはいられないのです。

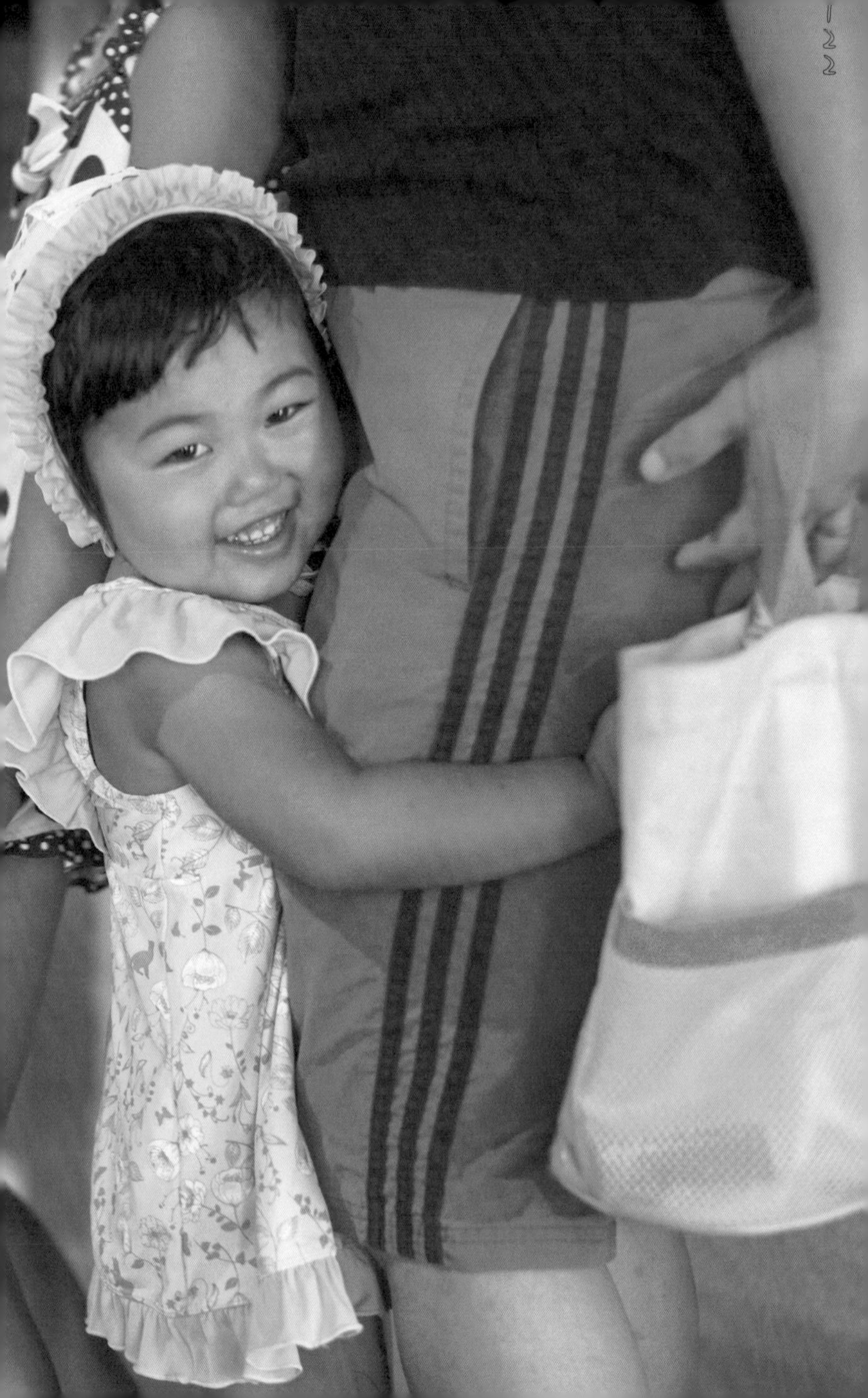

たまちゃんかわいい〜♡
たまちゃんかわいい〜♡
たまちゃんかわいい〜♡
おお〜っ!

生まれたころ

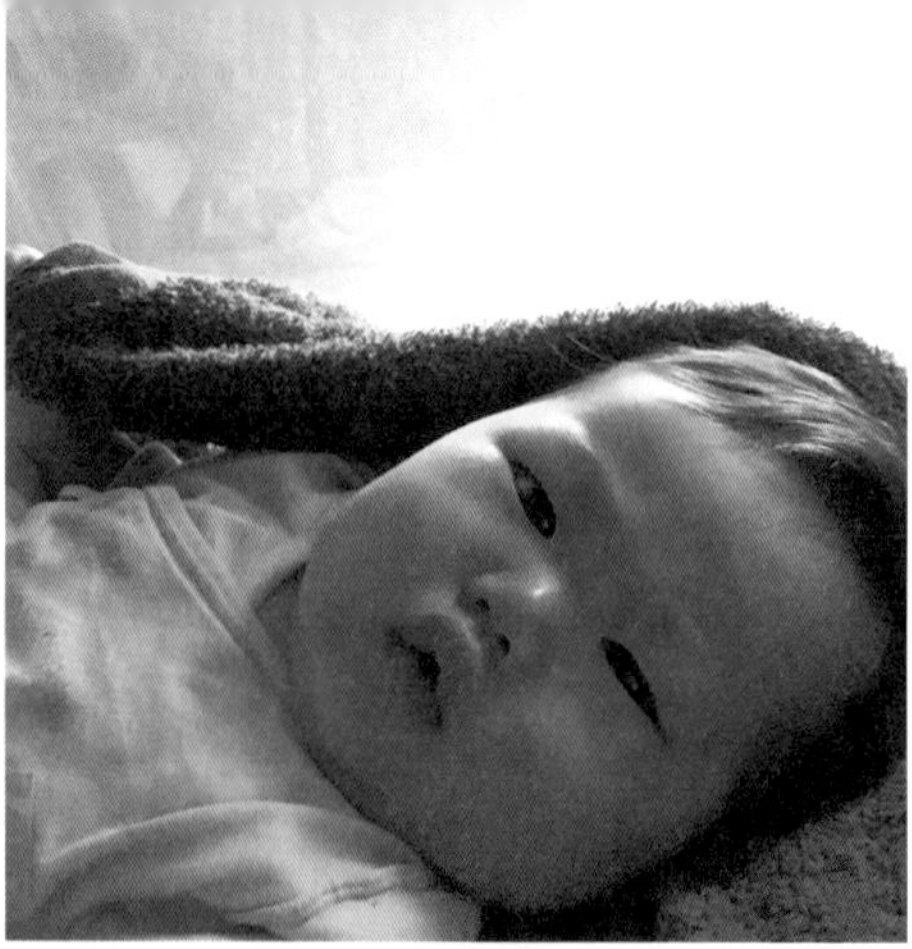

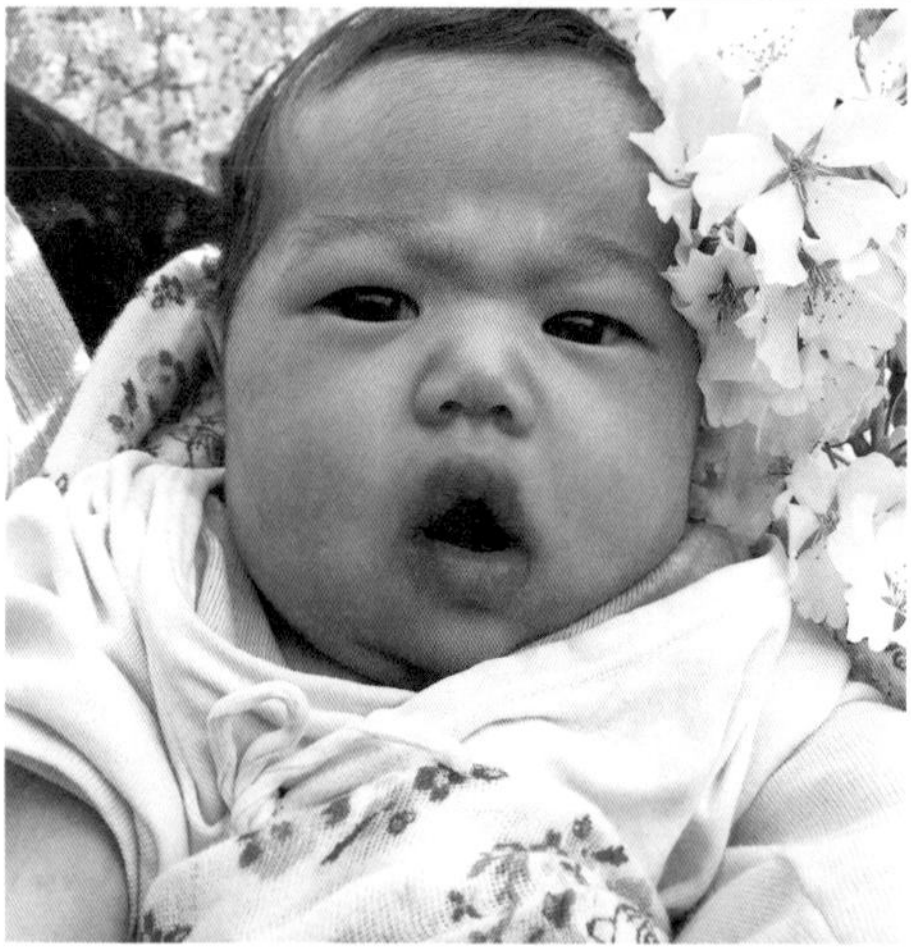

5人目のかなたくんを、彼方に見送ってしばらくしたころ。あゆみんが言いました。

「むかし、見えない世界が見える人に、わたしは子どもを6人産むって言われたの。だからもう1人、産むと思うよ」

予言は的中し、あゆみんは珠葉を産みました。上の子たちのときと異なり、乳児だった珠葉の世話は楽。まずスーさんがおっぱい以外の育児を担いました。きょうだいたちも率先して子守をしました。加えて、珠葉のすぐ上の然花は4歳と、目を離せない年齢ではないため、あゆみんは少しですが、自分の時間を持てるようになったからです。

photo by 廣川家

廣川家のアイドル♡タマちゃん

2018年3月1日。あゆみんとスーさんは、5人目の赤ちゃんを授かりました。いつものようにこの家で、家族みんなで迎えることができました。でも赤ちゃんは、お産の途中で亡くなってしまいました。男の子でした。

「無脳症という、先天性の奇形症やった。手足と爪がすごくきれいな男の子だったの」とあゆみん。

無脳症は、胎生期に脊髄や脳が形成されず欠損するため、ほとんどの場合が死産になり、出産しても数日しか生きられないことが多いといわれます。

彼方に旅立った赤ちゃんには、「かなた」という名前をつけました。

「かなたの重みは一生忘れん。かなたと一心同体で過ごした10か月間は、わたしたち家族にとって、かけがえのない宝物」

そして2年後――。

2020年3月5日。あゆみんとスーさんは6人目の赤ちゃんを授かりました。女の子です。珠葉という名前をつけました。

珠葉もいつものようにこの家で、病院に頼らず自力で出産しました。

「お産の仕方ってその人の生き方の哲学だと思うの。わたしはわたしで、みんなそれぞれ違うに決まっている。好みだよね。だから哲学が異なる人を否定しないよ」と、あゆみんは前置きをしてから言いました。

「出産のときの、痛かったりかゆかったり、待たなきゃいけなかったりというのを埋めるために、科学を使うのは違うと考えてる。だからわたしは病院ではなく、命懸けの自力出産を選んでいるだけ」

珠葉はたっぷりの愛情を注がれて、健やかに育っています。

癖っ毛で目がくりくりした愛嬌のある様子に、スーさんを筆頭に廣川家みんながメロメロ。みんなが競って珠葉の世話を焼くので、あゆみんは「おっぱいマシーン」に専念できました。

珠葉が3歳になり、母乳も終わった2023年、あゆみんはひとりで旅行に出かけました。結婚14年目で手にした初めての〝自由〟です。それもこれも家族みんなが率先して珠葉の面倒を見てくれているからこそ。

けれども、珠葉はあゆみんが一番なのです。

こんなことがありました。

ある日の午後、珠葉が気に入っていた包装紙が破けてしまいました。珠葉の機嫌はみるみる悪くなり、仰向けにひっくり返ってギャン泣き。雨種があやしますが珠葉が求めているのはあゆみんです。あゆみんに泣きながらまとわりつきます。しかしあゆみんは台所仕事が忙しく珠葉を構いません。スーさんや兄たちが次々と来ては珠葉の気持ちを変えようと試みます。けれど珠葉はあゆみんの足元でぐずったまま。この日は、ご機嫌斜めのまま寝落ちしました。

廣川家の5人の子どものうち、ここまであゆみんを求めるのは珠葉ひとり。これも個性であり長所です。珠葉には、自分が欲しいものを手に入れるための粘り強さと、強い精神力が備わっているのです。

「スーさんが、珠葉と心から向かい合うと珠葉が落ち着くの。たっぷりの愛を持って接することができれば、収められるんだなって知った。あの小さい人はわたしにも同じことを求めるけど、ムリムリ、ムリだす〜。人には得手不得手がありますよ〜」

そう、あゆみんは小さな子どもが苦手。幼児特有のしつこさが好きではないし、幼児と同じ目線に立って付き合えないのです。

　ずっと、子どもが苦手と発言するのはダメなことだと思い込んでいました。けれど、友だちが「ホントあいつらって失礼だよね」と子ども嫌いを公言するのを聞いて、「嫌いって言っていいんだ」とすごく楽になりました。それからは自分の子どもにも「あゆみん、いまはイヤだよ」と断れるようになりました。

「わたしはそういう人とは付き合えないんですって、きっぱり言う。これでも最近は許せるようにはなったんよ。でも付き合えない。う～ん、できるようになろうとも思わないなぁ。だってできないから。それよりも、わたしにしかできないこと、得意なことを伸ばしたいと思ってる。そのうちわかってくれるようになるかしらって思うけど……。タマは諦めないんだよね～」

　今は最後の子育てとなる珠葉の幼児期を噛みしめている真っ最中。上の子たちが3歳のときは下に乳児がいて噛みしめる余裕がなかったからなおさら。

「子どもってうるさいし、言葉は通じないし、無礼だし、イヤになるけど、もうすぐ終わるんだろうなって思ったら、寂しくなる。きっとそのうち、このころを懐かしく感じるだろうなぁ」

珠葉

3歳3か月のころ

S

雨種
3歳11か月のころ

V

廣川家の味

自家製手打ちパスタのジェノベーゼ風

手打ち生パスタを作ります。小麦粉に、にわとりが産んだ卵と熊本の菜種油を混ぜ合わせ、捏ねて踏んだ生地を袋に入れ寝かせます。その後、製麺機に通して裁断して生パスタので き上がり。ジェノバペーストの材料となるバジルがなかったので代わりに大根葉とにんじん葉を使用します。刻んだ葉に菜種油とおろしにんにくを加えたらジェノベーゼ風ペーストの完成。ゆでたての手打ちパスタが熱々のうちに和えます。

鹿肉ロースト

鹿肉ローストは、70℃のお湯で低温調理したもの。廣川家の鹿肉料理の定番のひとつです。鹿のヒレ肉に塩、カンボジアの胡椒、おろしにんにくをまぶしたら、菜種油で表面がこんがりするまで揚げ焼きにします。自家製ポン酢、菜種油と一緒に保存袋に鹿肉を入れ、70℃に熱したたっぷりの湯で20分ほど弱火で湯煎します。このとき湯温を70℃に保つのがポイント。柔らかい食感に仕上がります。「濃厚な味。でも嫌な臭みはまったくないでしょ」と、あゆみん。

鹿肉ガパオとポテトサラダ

　ガパオは、鹿の粗びき肉をバジル少々、自家製魚醤、酒、さとうきび糖、みりん、にんにくと菜種油で炒めた本場の味わい。庭で育てたパクチーを添え、蒸したもち米と合わせます。タイ暮らしの経験があるスーさんも、タイ料理店でバイトしていたあゆみんも大満足の味です。

　ポテトサラダは、ゆでたじゃがいもをマッシュし、手作りマヨネーズで和えただけ。マヨネーズの材料は卵黄、塩、ごま、菜種油に酢を大さじ1。卵黄の温度が大事で「低いとうまく乳化できないの」。

間引きごぼうと にんじんの葉のかき揚げ

　間引き野菜のかき揚げは、間引き野菜に、神が宿る草とされるマコモ、ふすま粉、塩を合わせ、高温に熱した菜種油でカラリと揚げます。

　廣川家では野菜を自然栽培で育てていますが、必要であれば間引きを行います。量が少ないとはいえ、小さくて柔らかい葉や茎をきれいに洗うのはかなりの労力が必要。

「でも手間をかければおいしい食材になるんだよね」とスーさん。

空芯菜の廣川家納豆炒め

自家製納豆を調味料にしてざく切りにした空芯菜を炒めた料理です。

畑で育てた空芯菜を長さ5㎝に切り、にんにくをみじん切りにします。鍋に菜種油を入れ熱したら、にんにく、空芯菜、自家製納豆を加え強火で炒めます。最後に自家製辛味噌で味を調えたらでき上がり。

以前、あゆみんは空芯菜を長さ10㎝に切っていましたが、スーさんの「口の中で当たって食べにくい」という声を尊重して、短く切るようになりました。今では長さ5㎝が廣川家の定番です。

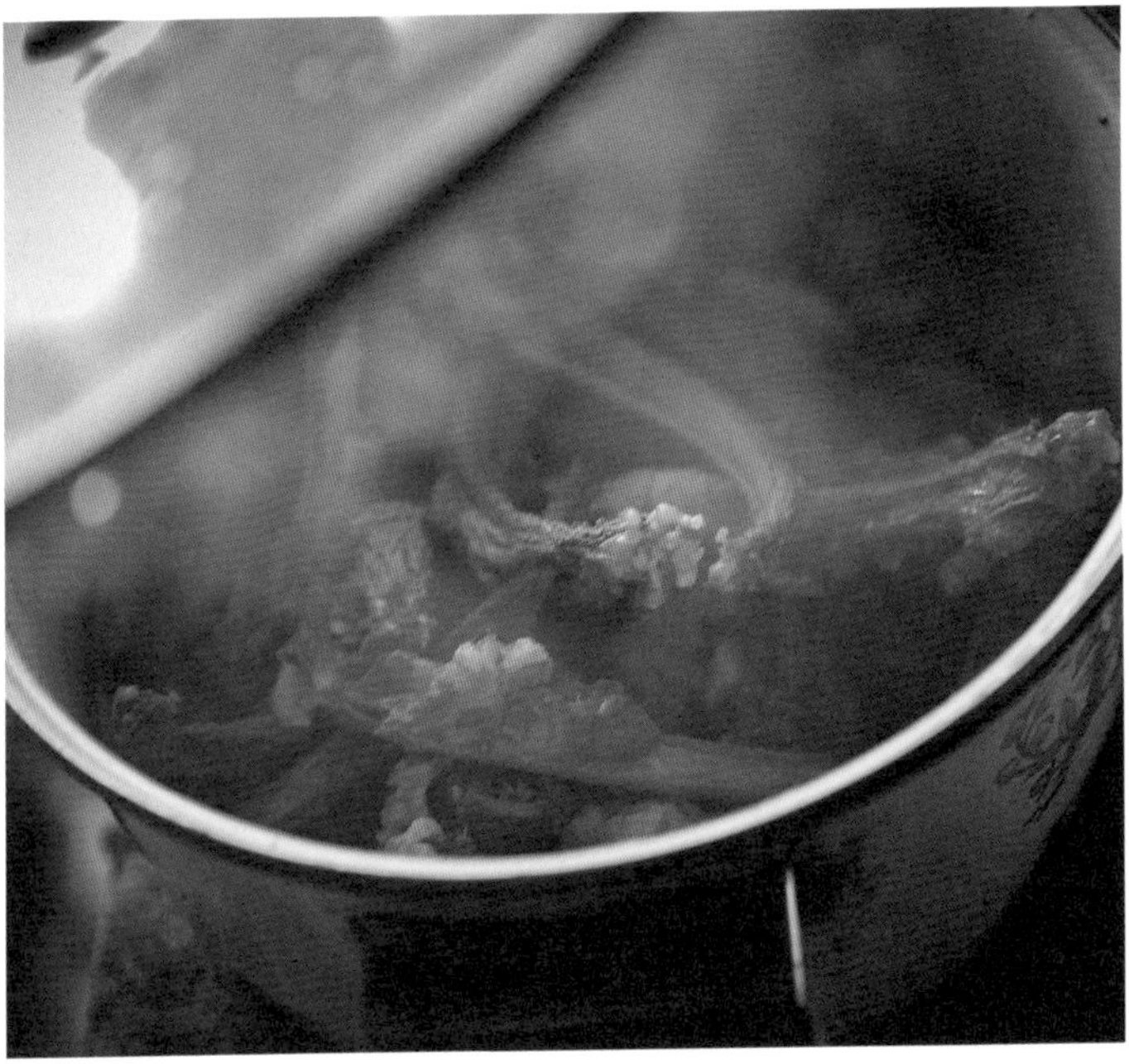

猪肉の猟師煮

猟師煮は、猪を解体して精肉にしたときのごちそうです。

この地に暮らすようになり、先輩猟師さんに教わった煮物だから「猟師煮」。猪の肋骨の肉を、水を加えず、醬油とみりん、おろしにんにくだけで煮込みます。醬油とみりんの比率は1対1の同量。骨についたすじ肉の味が旨味抜群で、家族みんなでむしゃぶりつくほど大好物です。

自家製醤油ラーメン

ラーメンスープを作ります。猪の骨で作ったスープに、昆布と椎茸、煮干し、かつお節のだし汁を加え、醤油で味を調えます。

麺は、スーさんが手打ちした自家製。大鍋にたっぷりの熱湯を沸かしてさっとゆでたら、器に入れたラーメンスープに合わせます。

具は猪肉で作ったチャーシューをスライスしたもの、ゆでたもやし、みじん切りにした玉ねぎ。すべてをトッピングして完成です。

自家製五目ラーメン

五目あんかけを作ります。出し汁を入れた鍋に、細切りにしたタケノコ、輪切りにしたキヌガサタケ、キクラゲ、薄切りにしたたまねぎ、ひと口大に切った鹿肉を入れます。みりん、酒、醤油、自家製の太刀魚醤、塩こしょうを加え、とろみがつくまで煮込みます。水溶き片栗粉を回し入れ、卵でとじます。

器に鹿骨スープを入れ、ゆでたての幅広自家製麺を盛り、あんかけをたっぷりのせます。小口切りにした万能ねぎを散らして完成。

自家製こんにゃく

畑で育てた3年目のこんにゃく芋を掘り起こします。風通しのよい日陰で乾燥させたら、大量の湯に丸ごと入れ、柔らかくなるまで煮ます。煮えたら皮をむいてミンサーでペースト状に。ボウルに入れ、湯を適量加えて練ります。これを数回繰り返し、柔らかくなったら、木灰の灰汁（あく）（自家製）を加えてさらに練ります。ボール状に成形して周りに灰汁をつけ、沸騰した湯にドボン。弱火で20〜30分ゆでれば完成。

薄切りにして自家製ピーナッツ味噌などをつけていただきます。

廣川家納豆

1 大豆を蒸す

自家製大豆はゆでずに、せいろで蒸して使う。蒸し時間は、指でつまんでつぶれるまでが目安。

2 びわの葉を集め大鍋で煮沸する

スーさんが高枝切りばさみで、庭のびわの葉をチョキチョキ。廣川家では、びわの葉は幅広く活用していて、生のまま煮出してお茶にしたり、お風呂に入れたり。保存する場合は、干して乾燥させてから。冬のびわの葉は薬効が高いという説もあり。

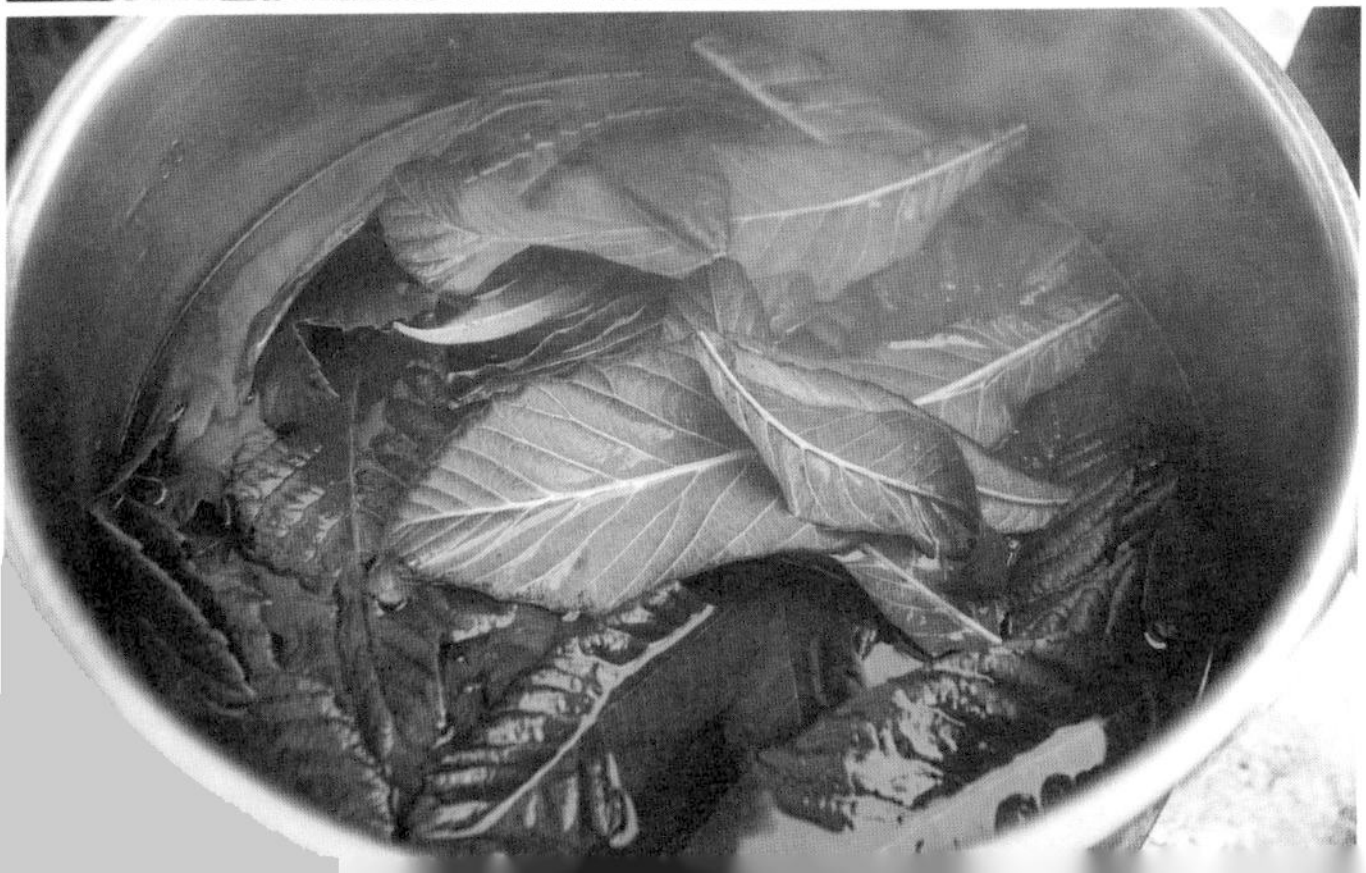

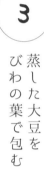

3 蒸した大豆をびわの葉で包む

編んだわらで大豆を包むイメージで、蒸した大豆の周りを、ゆでたびわの葉で覆う。びわの葉にもともとついている納豆菌で発酵させる。「納豆菌は、びわの葉に限らず、ススキとか、その辺にある葉っぱ、何にでも結構ついているよ」とスーさん。

4 クーラーボックスで保温する

茶の間にある薪ストーブの前にクーラーボックスを置きます。その中に湯たんぽを入れて40℃をキープしたまま、24時間発酵させるとでき上がり。温度が下がらないように湯たんぽの湯を取り替えたり、温度を計ったり、こまめに手をかけることも大事。

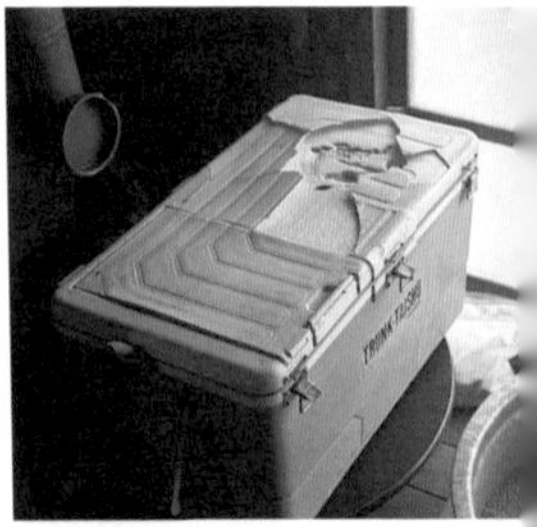

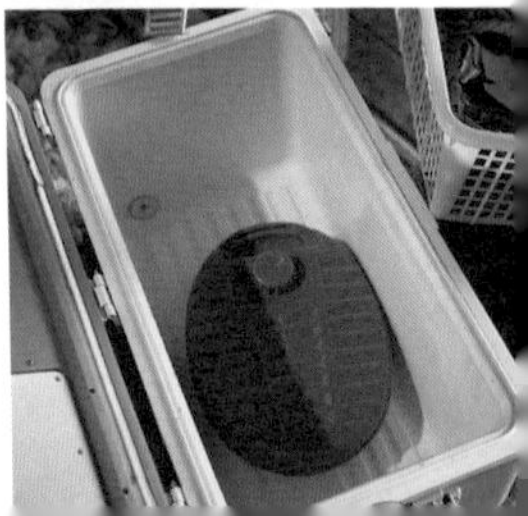

5 発酵の進み具合を確認

定期的に発酵の進み具合をチェック。「畑もそうだけど、ただ放置しているだけでは成功しない。タイミングよく、適度に手をかけることは大切。あれもこれもとやりすぎたらダメだけど。子育てと同じ」とスーさん。

自家製納豆は、廣川家独自の繊細でやさしい味とにおいに仕上がる。玄米や白米にのせて、また、風味づけの調味料としても使う。ほぼ毎食食べるほど、子どもたちの大好物。

スーさんの調味料

スーさんは調味料に強いこだわりがあります。作れるものは自家製で調達。作れないものだけ、お眼鏡にかなったものを厳選購入。「ネットで調べたり、友人や地元の人から情報をもらったりすれば、考えているよりもいろいろ、自分で作れちゃうんだなぁ。やる気と時間さえかければ、調味料と保存食は作れると思うよ」とスーさん。あゆみんが「結婚前の写真を見てたら、スーさんが市販のポン酢で食事してた。そんな時代もあったんだよね」と笑いながら話してくれました。

①海の塩。
海水を炊いて自分で作った塩。100Lの海水を10分の1まで煮詰めると、3kg程度の海塩になる。「頻繁にはやらないけど、きれいな海水が手に入ったら、必ず作る」とスーさん。

②イタドリの塩漬け
イタドリの若い茎は柔らかく、春の新芽を採取して皮をむけば、山菜として食べられる。

③塩蔵わかめ。

④梅干し
2013年から作り始めた。たくさんいただくので、今までは作らずにいた。

⑤実山椒
冷凍したあとに解凍し、それから水にさらしてアクを抜く。醤油、黒砂糖、みりんで炊く。

⑥ゆず胡椒
庭で採れた青ゆずの皮を削り、みじん切りにした唐辛子、塩、ゆずの絞り汁と合わせてペースト状にする。

⑦黒にんにく

⑧紅しょうが
せん切りにしたしょうがを塩でもんで水気を絞り、梅酢に漬ける。

⑨しょうがパウダー
せん切りにしたしょうがを天日干しにし、ミンサーにかけてパウダー状にする。

⑩寒麹
塩麹と玄米もち米を1対1で混ぜた。

⑪スギナ塩
ツクシが終わった春先、スギナを摘んで干し、炒って細かく砕く。塩と合わせて。ごはんと食べると最高。

⑫しょうがの焼酎漬け

⑬タバスコ

⑭わらび塩
麹と唐辛子と塩とわらびで作る。

⑮かんずり
年1回かき混ぜ、3年は熟成させる。

醤油いろいろ

醤油は移住して2年目から仕込み始めました。作るのは、濃口醤油、再仕込み醤油、白醤油、魚醤、肉醤の5種類。濃口醤油は自家製の大豆と小麦で作った醤油麹に、塩水を加えてもろみを作り、2年ほど天然醸造させたあとに絞ります。白醤油は小麦のみで作った麦麹に、塩水を加えてもろみを作り、3〜4か月で絞ります。

「肉醤は消化管以外の内臓と肉をひと晩水にさらして血抜きをし、全体の2割の塩を加え、2年ほど天然発酵させて絞ったもの。肉の風味がし

1

2

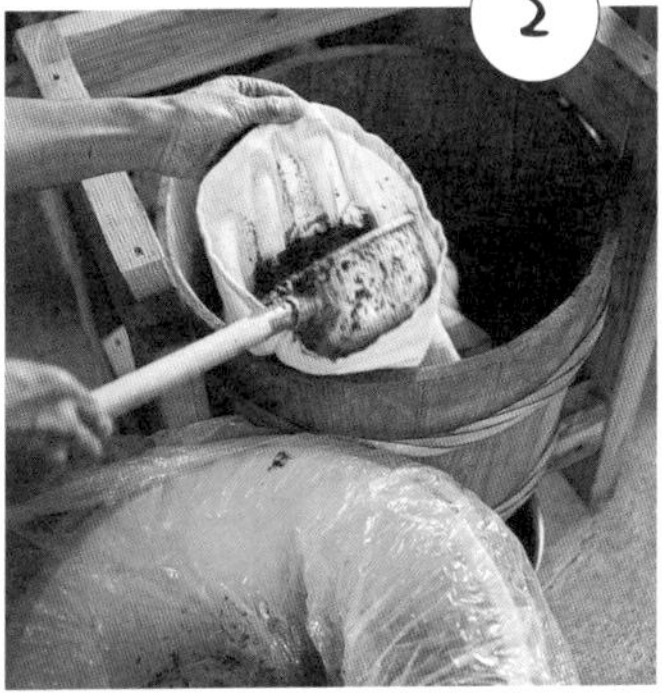

3

4

冬に寒仕込みした醤油を絞る。仕込んでから夏を2回越すと絞れるようになる。①柄杓ですくうと、もろみの状態はこんな感じ。②白い絞り布にもろみを注いで樽に置き、③澄んだ生醤油が自然に落ちてくるのを待つ。④最後に手製の木枠を利用して圧をかけ、最後の1滴まで絞りきる。1回の仕込みで1升瓶に7〜8本分作れる。

て、おいしいよ」

廣川家のかえし

そばつゆ、ラーメンスープ、煮物の煮汁など、廣川家では料理に欠かせないかえし。最近では空太が作るようになりました。

鍋に水と煮干しを入れ、火にかけます。沸騰したら煮干しを取り出し、みりんと醤油を加え、みりんのアルコールが飛ぶようにひと煮立ちさせます。粗熱が取れたら清潔な瓶に入れ、冷蔵庫で保存します。

URASSIC PARK

骨のスープ

庭の大鍋で煮込んでいるのは骨のスープ。猪か鹿の骨で作ります。今回は鹿の骨とにわとりが1羽。にんにくとしょうがを加えました。

「骨のスープ作りには時間がかかるんよ。アクを取りながら1時間くらいゆでこぼし、さらにアクを取りつつ7～20時間コトコトやって。途中焦げないようにかき回しながら。できたてが一番おいしい」とスーさん。

できた骨スープはラーメンスープにしたり煮物などのだし汁として使います。だしガラの肉は子どもたちのおやつとして大人気です。

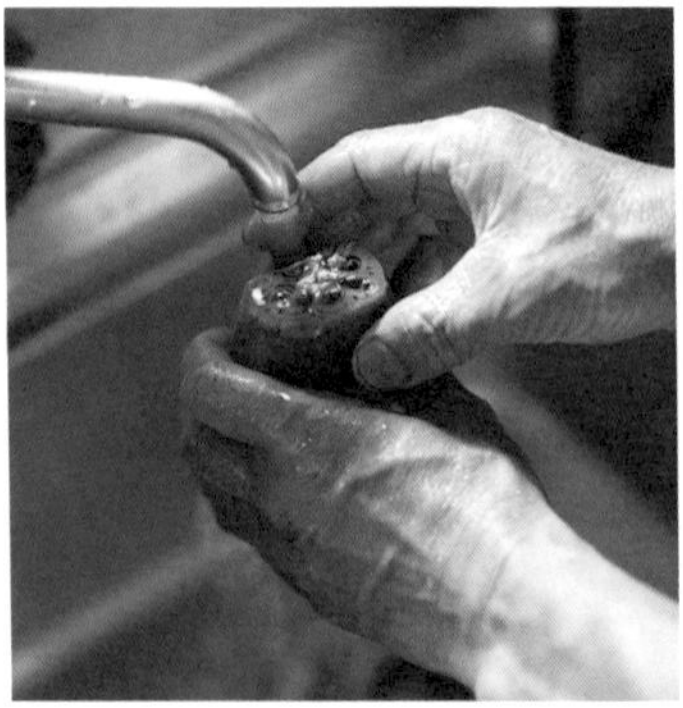

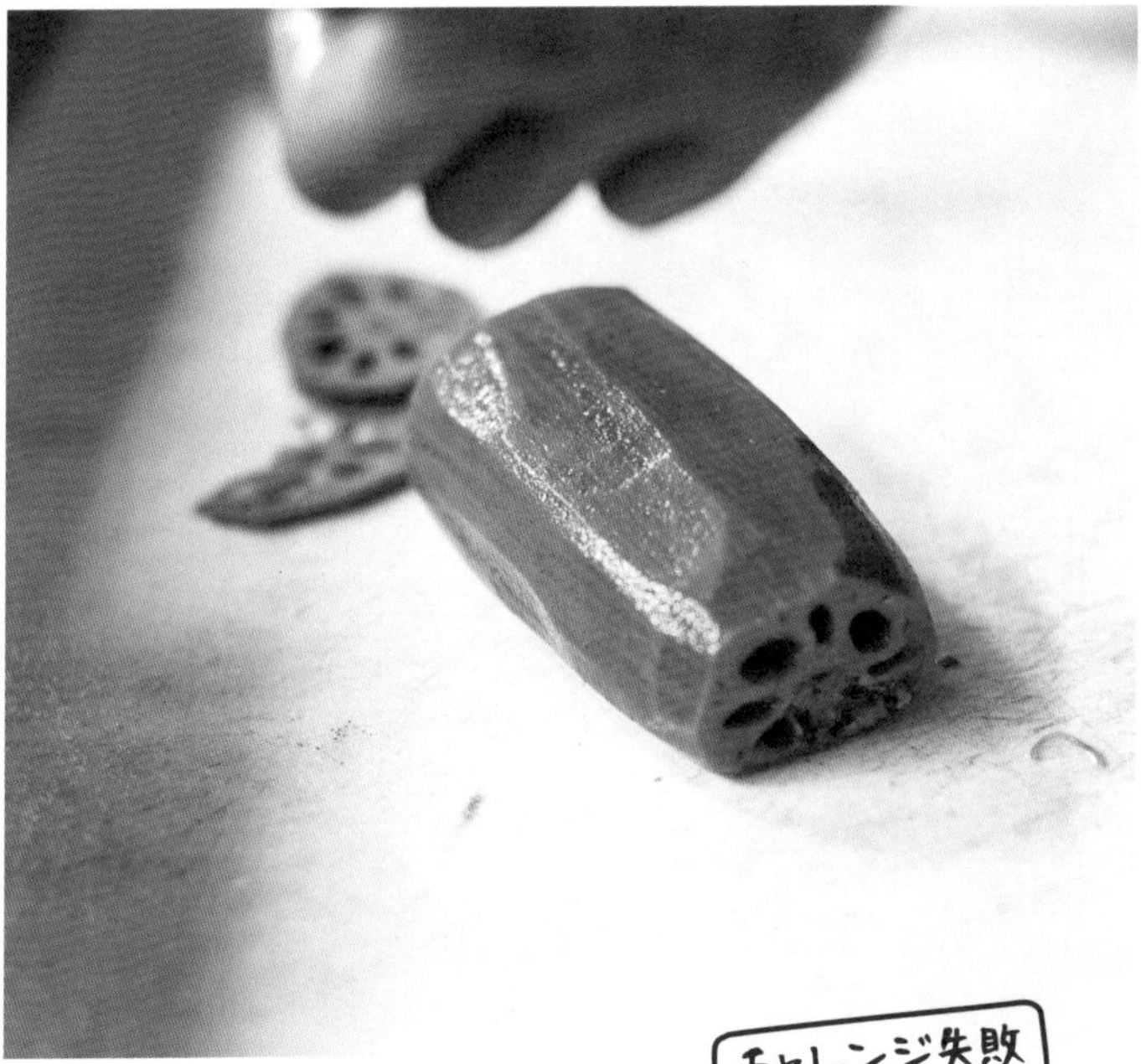

チャレンジ失敗

レンコンの泥漬け

「これ、レンコンの泥漬け」とスーさん。「昔、本で読んだことがあって試してみた。土に漬けるんだって」

見た目は非常に怪しい感じ。スーさんは思い切って〝泥漬け〟を口に入れます。「うっわあっ、超マズい！腐敗はしてない。たぶん発酵しているけど、苦くて酸っぱいだけ。旨味の要素がまったくない。おいしくない要素しかない！」

ネットで調べると、泥漬けとは新潟の郷土料理。瓦用の土を使ったなすの漬物です。「そうか！　次は赤土でやってみようかな」

いちごタルト

「畑のいちごがたくさん採れたから、今日はいちごタルトを作りましょうね〜」

おやつはあゆみん担当で、スーさんはノータッチ。レシピはネットや本を参考にしつつ、自家製材料に合わせてあゆみん流にアレンジしています。

タルト生地は、小麦粉にバターではなく菜種油を加えて作ります。できた生地をタルト型に敷き、重石をのせて、薪ストーブの薪の上で焼いておきます。

カスタードクリームは、鍋に卵黄を4～5個割り入れ、ヤギ乳とさとうきび糖を加えて熱します。火からおろし、小麦粉がダマにならないよう少しずつ混ぜ合わせ、適度な固さになるまで練ります。

タルト生地の粗熱が取れたら、カスタードクリームを平らになるように流し入れます。あゆみんが畑で育てたいちごは縦半分に切り、雨種が山で摘んできた野いちごと一緒にたっぷり盛りつけたら完成です。

然花の卵焼き

友人からチャボの卵をたくさんもらったので、今日のお昼は、然花が卵焼きを作ります。最初の難関は火加減。廣川家の火力は薪を使ったかまどのため、火おこしが難しいのです。あゆみんが手伝って、なんとか点火できました。

然花は、十分に熱した鍋に卵を少しずつ流し入れ卵焼きを作ります。やけどをしないように気をつけながら、上手に焼き上げました。

あゆみ〜ん、卵何個〜?
ん〜、末広がりで8個は?
んんっっ届かん・・・

よいしょっっと

10個

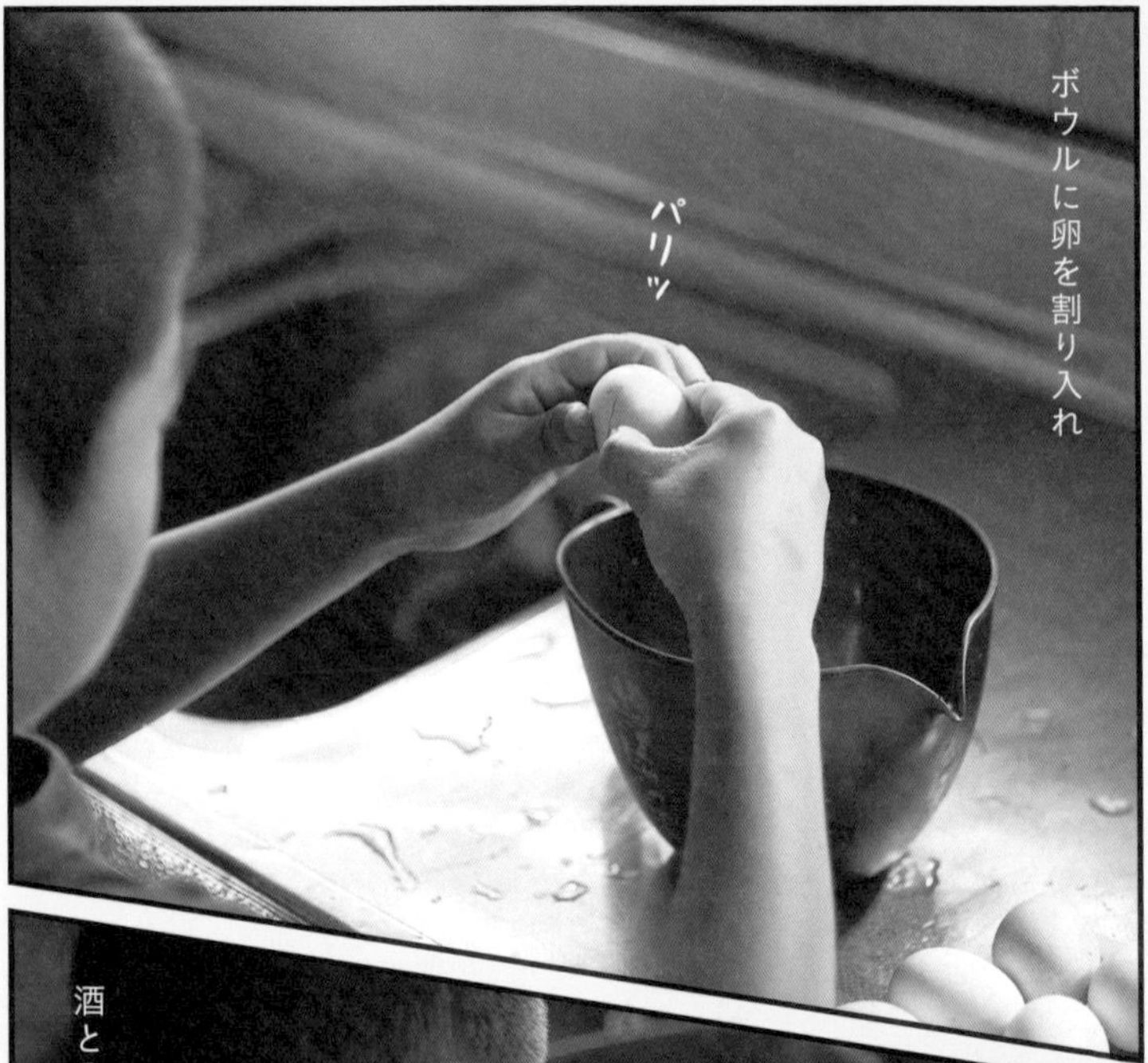
ボウルに卵を割り入れ
パリッ

酒とみりんと醤油を加えたら
とくとく

いざ、かまどさんで焼く！
おう然花、男気を見せてやれ！
全然、火ぃつかん。早すぎるんかね
あ〜、

杉っ葉が湿気てるかも
2か所点火がおすすめよん

こうしとかんかったら
端がベラベラってなる

焼けたら火からおろし、形を整えて粗熱を取ります。

くるり

完成！
16個に切ってあるけんな。
最初8個に切って
半分にした

動物と暮らす

初代猫　あしゅら

あしゅらは小豆色の縞模様の猫。雨種が生まれたあと、廣川家にもらわれてきて、珠葉が生まれた年に、突然死んでしまいました。夏の、特に暑い日でした。

「保護猫を数匹、飼っている人が、たまたま道端で子猫を見つけて。自分はこれ以上飼えないから、うちに連れてきたの。試しに1週間、一緒に過ごしてみて、と餌などの猫セット一式を持ってきた。もうねえ、かわゆすぎた」とあゆみん。

あしゅらの主な餌は、野生動物の肉。だから猟で捕らえた動物の解体が始まると、近くでうろうろそわそわ。小さかった雨種や然花と並んでおすそ分けを待つのが常でした。

二代目猫 みろく

現在の廣川家には、みろくとその息子たち、計4匹の猫が暮らしています。3兄弟はやんちゃの盛りで、時には徒党を組んで庭のにわとりと闘うことも。

「みろくがうちの家族の一員になってすぐに、あれ、もしかしてお腹が膨らんでいる?と気づいて。で、産んだ4か月後にまた妊娠して産んだ。猫って素早くて驚いた!」

子猫3匹は全部オス。しゃか、かぐつち、べんてんと名付け、廣川家で育てることにしました。「これ以上世話する自信もないし、よそ猫様に手を出されても責任持てない」ので、みろくには避妊手術を、3兄弟には去勢手術を施しました。

にわとり

卵が採れるからと聞いて、農協でヒナを買ったのがにわとりを飼い始めたきっかけ。最近では、近くの鶏卵生産者から、産卵能力が落ちた生後1〜2年のにわとりを譲り受けることが増えました。

廣川家のにわとりには役割が2通りあり、ひとつは採卵用の「卵どりさん部門」、もうひとつが食用の「からあげくん部門」です。「からあげくん」は、増えすぎると鶏肉になります。一方の「卵どりさん」は決して食用にしません。「卵どりさんたちが老いて卵を産まなくなっても食べない。寿命を全うしてもらっている。理由は役割が違うから」。ケージも別にするなど徹底しています。

卵を採りに

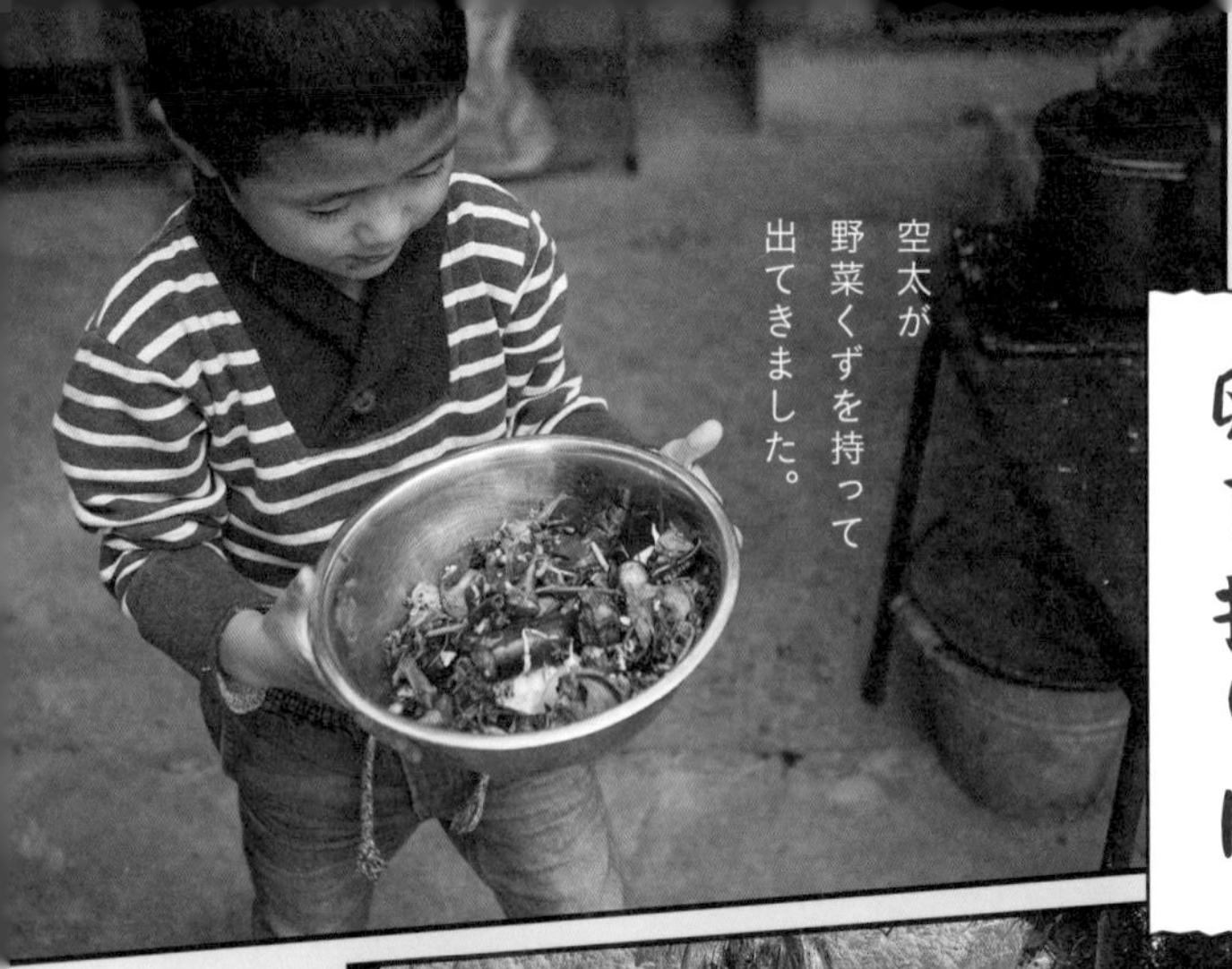

空太が野菜くずを持って出てきました。

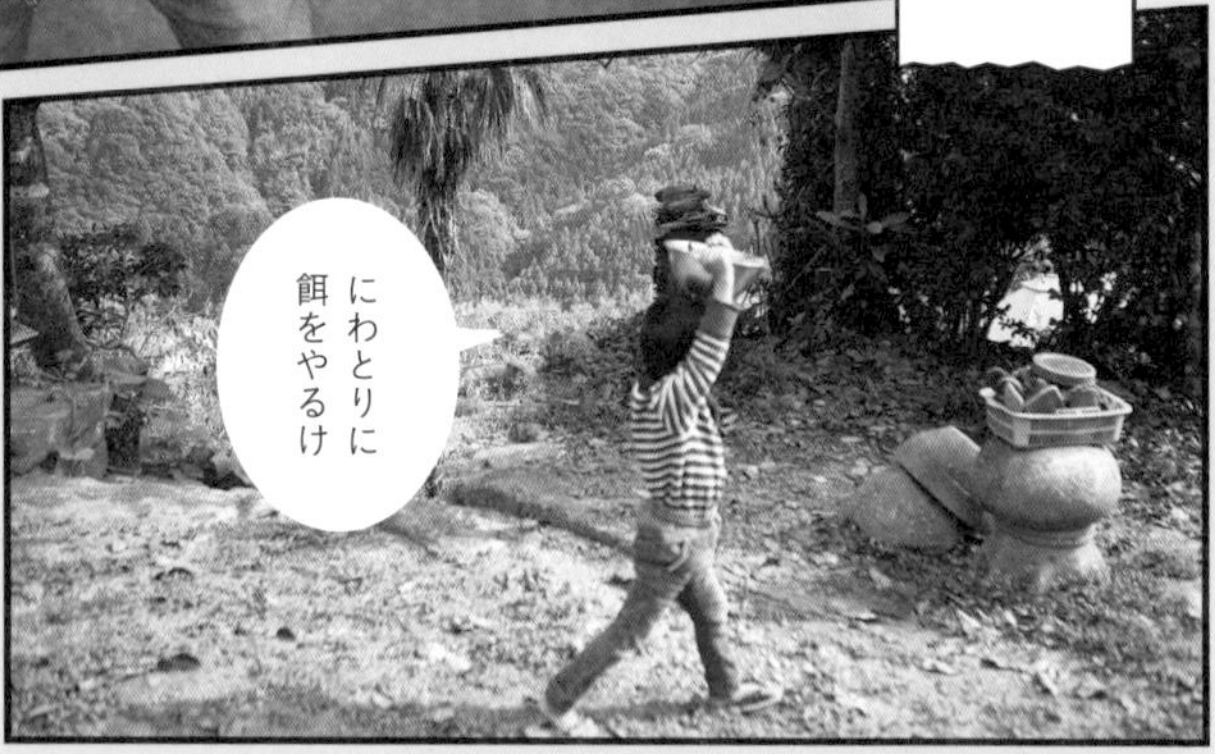

にわとりに餌をやるけ

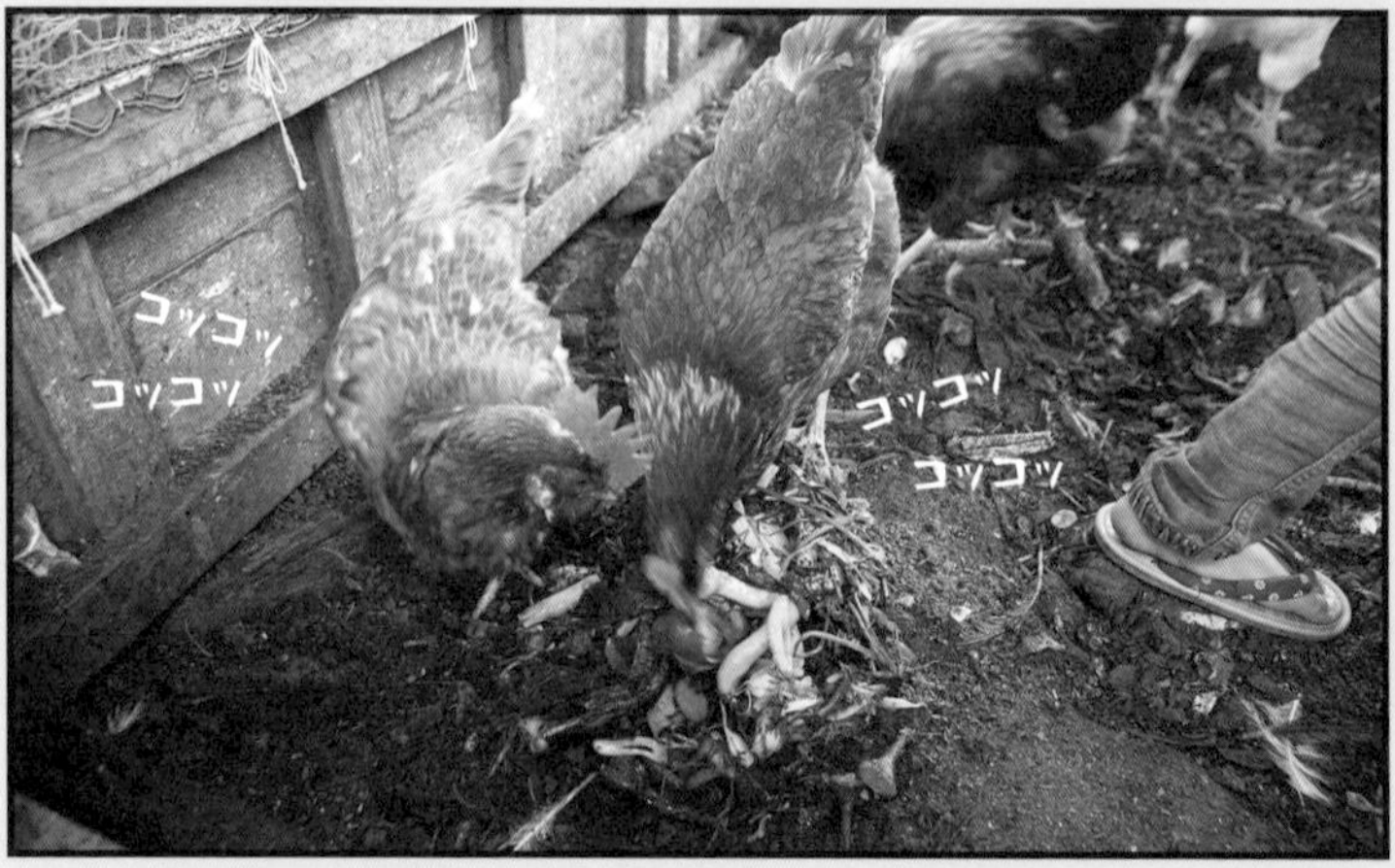

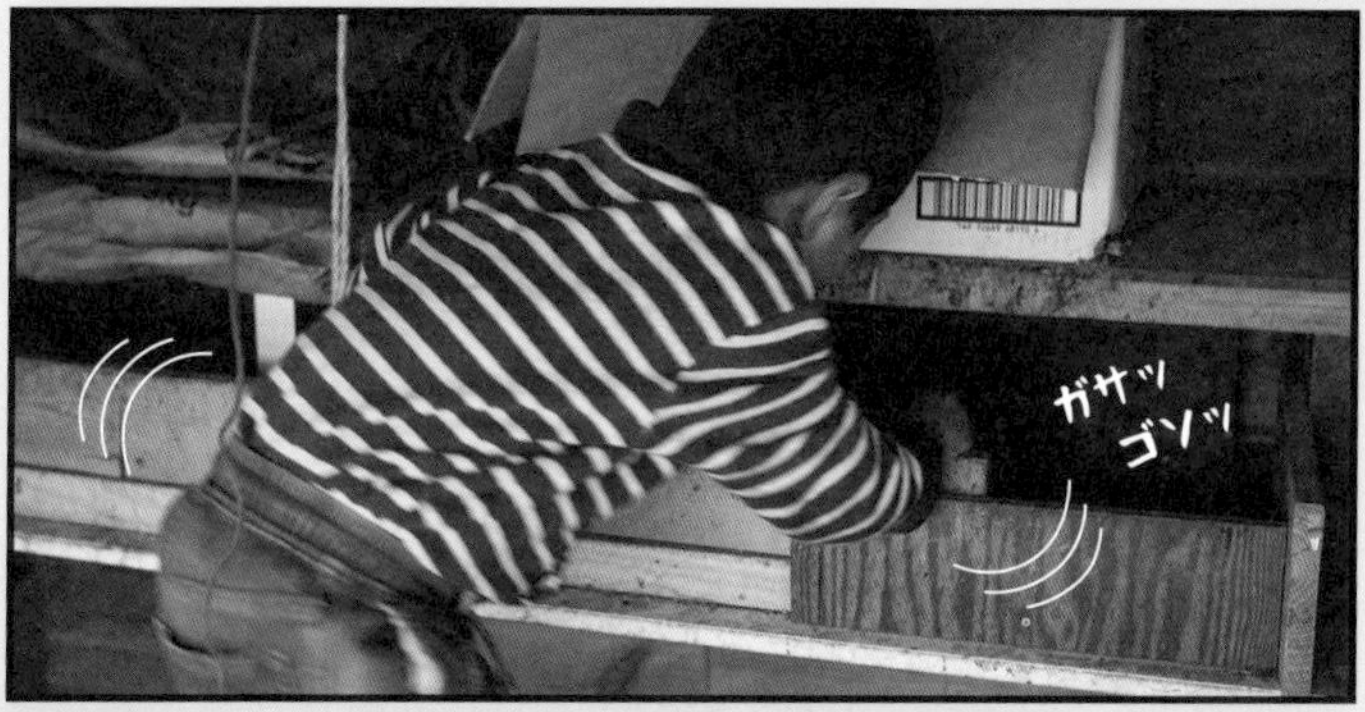
ガサッ
ゴソッ

卵が4つ採れました。

ポカポカ〜

卵は数日、寝かせてから食べるよ。採れたてより断然おいしいの

ひろかわ
ごう

番犬ごうくん

犬のごうは、雨種が生まれた年に引き取られてきました。

愛玩犬ではなく、山での暮らしを助けてくれる「助っ人犬」を探していたあゆみんとスーさん。ある日、大型犬の子犬が保護されたと聞いて、出会ったのがごうくんです。犬がそれほど得意でないあゆみんでさえ、一目惚れするほどの愛らしさ。

ごうくんの小屋は、母屋と畑の境目あたり、見晴らしのいい斜面に建っています。時にはスーさんと一緒に猟の見回りに出かけることも。おやつは、猪や鹿の脚先です。皮をはがさず、熱湯をかけてダニなど表面についている虫を殺してから、皮つきのまま与えています。

ヤギ

廣川家に最初に仲間入りした動物がヤギでした。引っ越してきて早々に集落の人から、ヤギがいると草刈りが楽なことを教えられていたあゆみんとスーさん。だから、子ヤギが生まれたと聞いて、オスとメスのきょうだいを譲り受けました。以来10数年、たくさんの子ヤギが生まれては、貰われていきました。

「ヤギは草なら何でも食べると思うでしょ。でも、個体によって葉っぱの好き嫌いがはっきりしている。嫌いなのはきれいに残すよ」

いまでこそヤギ乳を使ったヨーグルトやカスタードなどを作っていますが、当初はあくまでも草刈り担当がメイン。ミルクは二の次でした。

乳しぼり

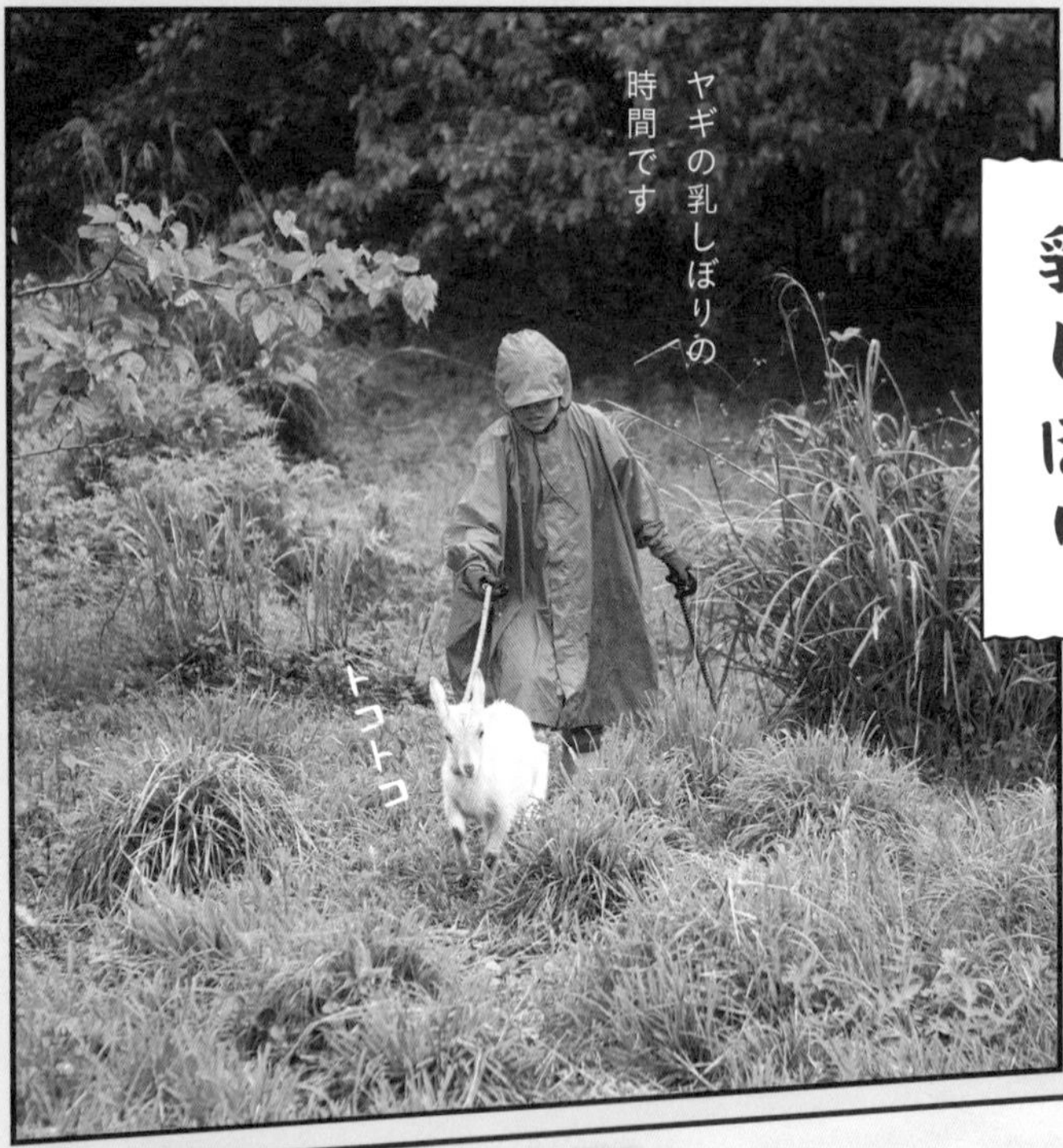

ヤギの乳しぼりの時間です
トコトコ

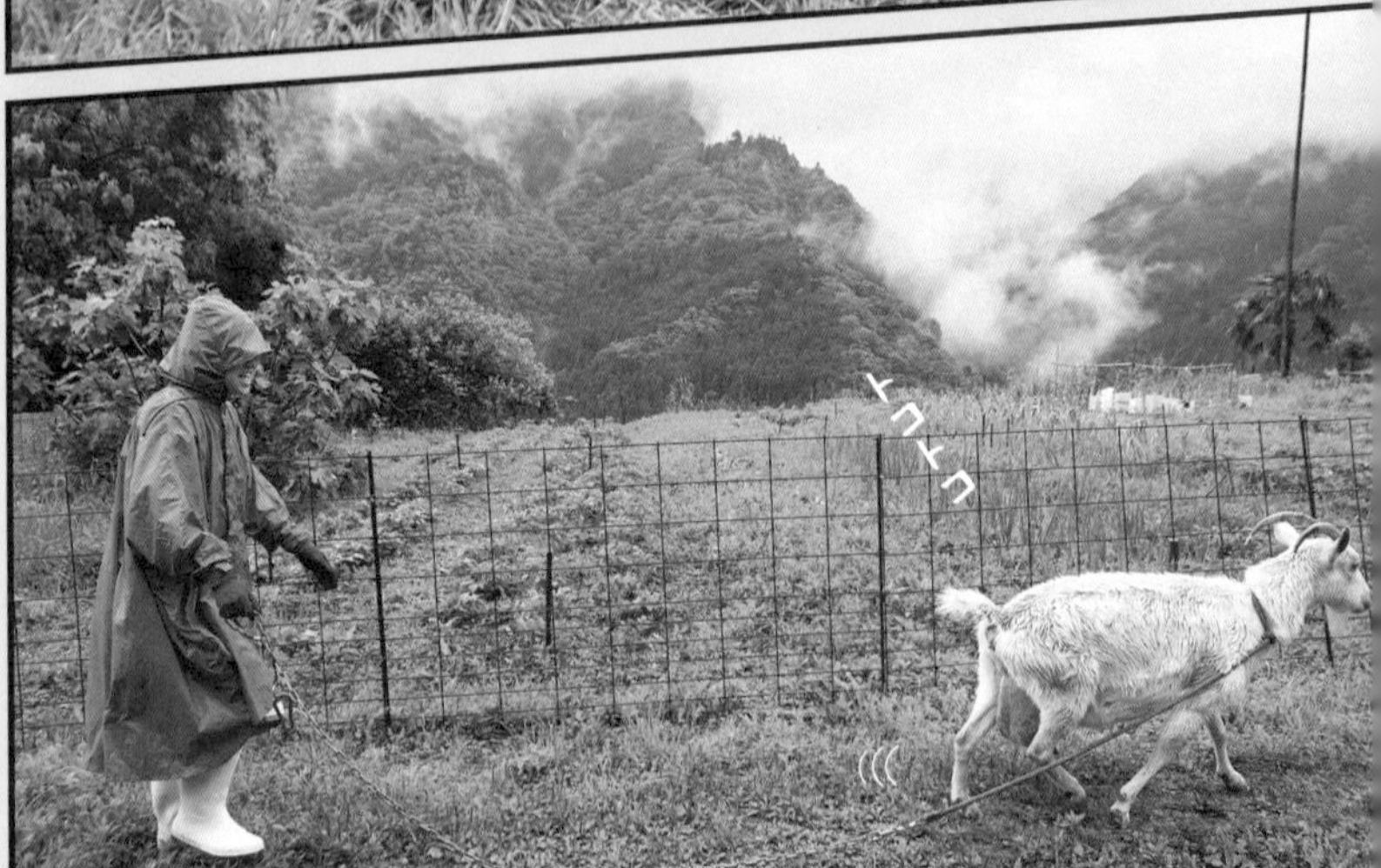

乳しぼり台にヤギを乗せたら

モグ
モグ

朝夕2回の乳しぼりだけは
わたしでないとダメなの。
何でもできるスーさんなのに
おもしろいよね

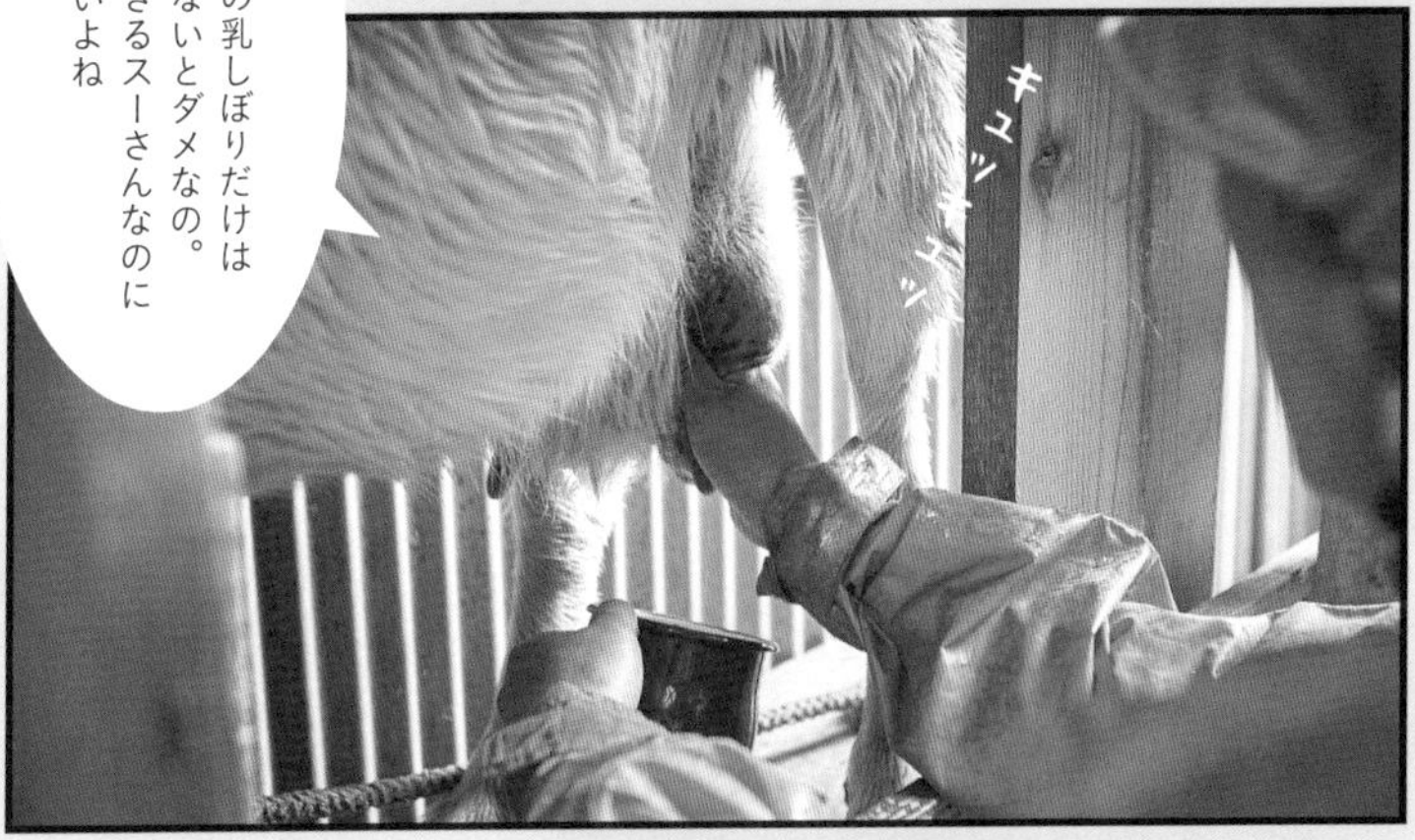

ヤギミルクは
ヨーグルトにしたり
生クリームを作ったり
ミルク寒にしたり
楽しみいろいろです。

動物は山での暮らしに欠かせない

たくさんの動物と暮らしている廣川家ですが、最初からこれらの動物を飼おうと計画していたわけではありません。

この家に越してきたころ、スーさんは「できる限り経済活動から離れたところで、自給自足や物々交換で暮らしていきたい」と考えていました。そのために必要だったのが、卵を産むにわとりです。農協でヒナを2羽買いました。いまではにわとりの数も増え、すっかり生活に馴染んでいます。

移住するにあたり、スーさんが決めていたことがもうひとつ。それは「便利を手放す」こと。だから食事はなるべく材料から自家製で、調理道具は機械を多用することなく、石臼を使ったり、薪や炭で火を起こしたり。畑仕事も同様です。機械に頼らず、できる限り人力を心掛けました。

その象徴がヤギ。あっという間に広い敷地全体を覆い尽くす草木を、当初は草刈りばさみでなんとかしようと考えていたスーさん。けれど、すぐに人力では追いつかないことを思い知らされます。だから、「ヤギが草刈りするよ」と聞いて、近所で生まれた子ヤギのオスとメスのきょうだいを譲り受けました。

保護犬だったごうくんは「助っ人犬」として迎え入れました。廣川家の動物のなかでは一番の新参者です。

「山で暮らしていると、人の手だけでは暮らしが成り立たないことがあるんだよね。それを担ってほしかった」とあゆみん。

山には猿やタヌキ、鹿や猪など、いろんな野生動物が生息しています。夜間や旅行中などの不在時に、野生動物が畑の野菜を勝手に食べたり、家や納屋に入り込んだりするのを防ぐのに犬は適任なのです。

特に役割も決めず、廣川家の一員となったのが猫のあしゅらです。ですが、スーさんが特にお願いしなくても、あしゅらは自主的に、ネズミなどから納屋の穀物を見張る役目を果たしてくれていました。

山での暮らしが成り立っているのは動物のおかげ。飼っているのは必要だから。集落の人に教えてもらいながら、なりゆきで。

「棹ささずにやってきた、それだけやなあ。いつでもあくびとおならができて、昼寝ができる生き方をしたかっただけなんよ～」とスーさんは言います。

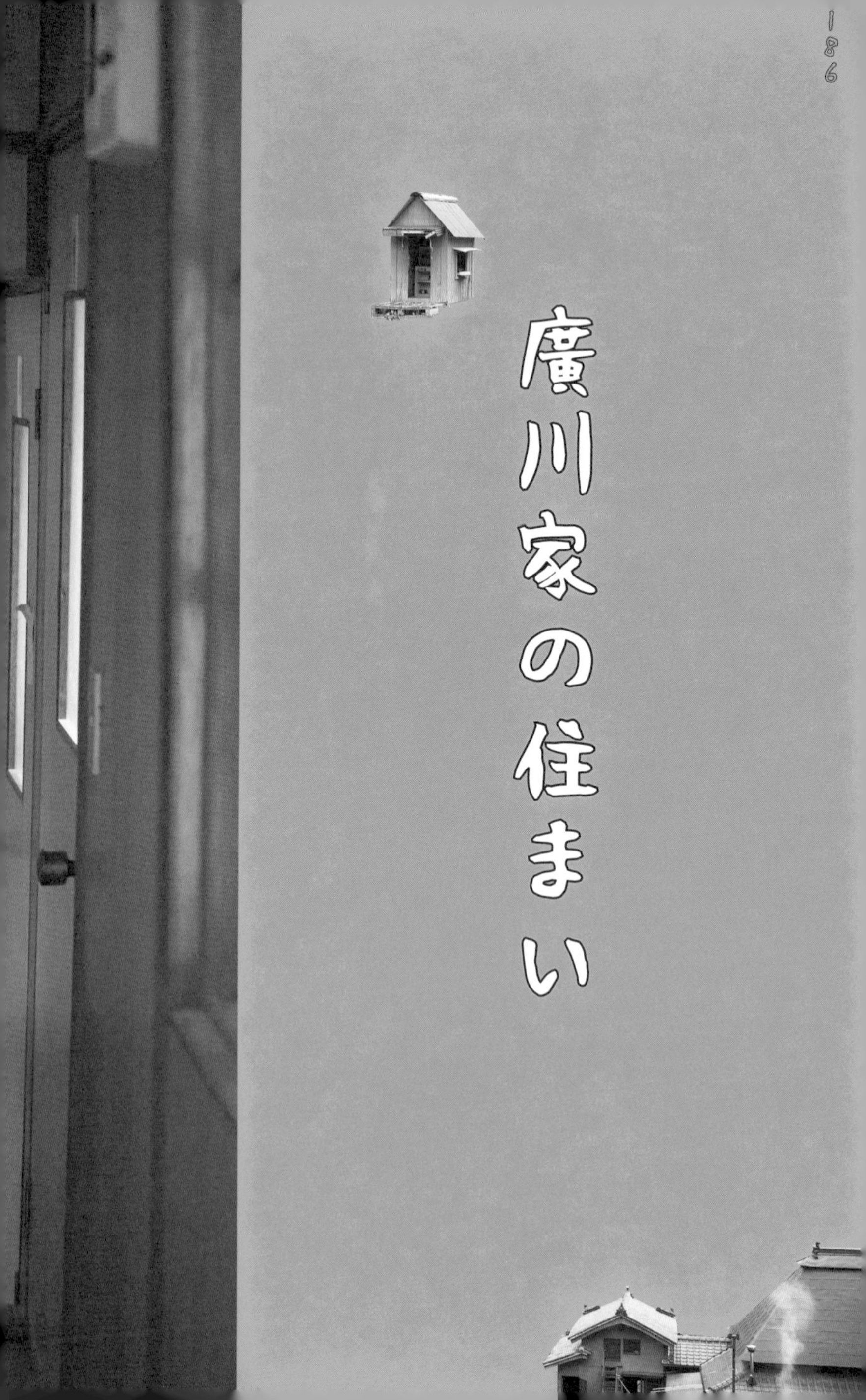

廣川家の住まい

台所

一日の大半を、食べるいろいろに費やしている廣川家にとって、台所は核となるもっとも大切なところ。

これまで屋外の薪ストーブで調理をしていましたが、2年ほど前に台所を全面リフォーム。薪ストーブを台所へ移動し、かまどを新設しました。購入したのは、石川県のイソライト建材がつくっている「薪焚用かまど」の二連式です。かまどの置き場所は、もともとは浴室洗面所と勝手口だったところ。土間に改装し、壁の下側は土を薄く塗り、かまどに接する部分だけタイルを張りました。

念願の〝かまどさん〟

廣川家では電気やガス、上下水道は必要なものを最低限だけ利用しています。

「電気は必要。四国電力から供給される電気は、いる分だけをありがたく大事に使ってる。ゆくゆくは風力発電に挑戦したいけど、設備の初期投資に結構な費用がかかるから、今はまだ考えているだけやね」と、スーさん。

水は町の簡易水道を洗濯や風呂などに使い、料理や飲料には近所の友人宅から汲んでくる山の水を用います。

「ガスは止めたんよ。火は薪や炭でおこしてる」

2年前まで台所には煮炊き用の火力調理器具はなく、裏庭の炊事場にある薪ストーブを使っていました。

「台所にガスコンロがない暮らしは、ものすごく自由だった。食事の支度をしている間、ずっと台所にいなくていいから、開放的で楽しいの」と、あゆみんは当時を振り返ります。

とはいえ、台所と炊事場、2か所での調理に難儀していたのも事実。

台所で下ごしらえを済ませたら、勝手口を通って炊事場へ。炊事場の薪ストーブの火で、焼く、炒める、煮る、揚げる、の調理をします。動線が長すぎるため、足りないものがあると大声で台所の誰かに頼まなくてはなりません。

勝手口では、スリッパや運動靴を履いたり脱いだり。

段差もあります。台所から勝手口の三和土(たたき)へ降りる大きな段差、三和土と地面との小さな段差。移動するたびに、段差を2回越えなくてはなりません。

「1日に数えきれないほど往復するんやけど、足指をぶつけたり、踏み外しそうになったり。置いてある靴につまずきそうになったり。熱々のフライパンを持っての移動とかは神経使ってたなあ。あゆみんと喧嘩していても、調味料を取ってきてもらわんといかんから、不本意だけど優しい声を出してた」

そんな苦労も、かまどを設置し、調理動線を改めたことで解消しました。

「ほんっと～に、かまどさんがいらしてから楽になりました。冬の凍えそうな寒さの中で調理しなくてよくなったのが、特にありがたい」と、あゆみん。

かまどの設置と同時に台所の内装も一新。壁は廃材を再利用した杉板を張り、床のフローリングには新品のヒノキ板を購入しました。

茶の間

台所に並ぶ家の中心が、10畳のお茶の間です。日当たりがよくて居心地満点のこの部屋で毎日、7人そろってごはんを食べ、おしゃべりをして。笑って泣いて。家族の何気ない日常を積み重ねています。

台所を改装したときに、茶の間にあった大きな押し入れを壊して、台所で使える食品棚に作り替えました。ボーダー柄の壁はそのとき設けたもの。真砂土とニガリで作りました。大きなデスクには、山の暮らしに必須のパソコンを置いています。

畳のある土間

裏庭に面した土間は、かつては子ども部屋と物置だったところ。2つの部屋をつなげて、土足でも靴下でも過ごせる作業部屋にリフォームしました。土間部分は土壁に、畳や板の間の壁は板張りにして趣のある空間に仕上げています。土壁のおかげで、ストーブを焚けば真冬でもポカポカ。干し柿を仕込んだり、豆の選定をしたりするのに快適です。

あゆみんは、子どもたちの喧騒から離れて、ひとり静かに過ごしたいとき、手仕事に熱中したいとき、この土間で過ごすことが増えました。

あゆみんとスーさんの部屋

2面に引き戸のある明るくて開放的な和室は、この家でいちばん日当たりも見晴らしもいい。学校から帰ってくる子どもたちの様子を遠くに見つけることもできるし、借りてる田んぼも見えます。

夏は蚊帳を吊るし、その中に布団を敷いて、窓を開け放して寝ていま す。子どもたちが小さかったころはみんなで一緒に寝ていましたが、今は珠葉と3人で。

屋根裏を改築した際に、この部屋の押し入れを一部改造して、畳のある土間へ続く通路を作りました。

和楽と空太の部屋

２０２０年秋から冬にかけて、納屋として使っていた屋根裏を、子ども部屋に大改造しました。友人の大工さんをはじめ、さまざまな人の力を借りながら、家族総出でセルフビルド。木材の仕入れから始まり、配電して断熱材を入れて、天井や壁、床に板を張り、心地よく暮らせる空間に設えました。

太い梁の上にマンガ本を並べたり、壁には写真や工作の作品を飾ったり、机の上にはお気に入りグッズをディスプレイしたり。和楽も空太も自分らしく部屋を彩っています。

HAND MADE
がんばれ元気

雨種と然花の部屋

裏庭に面した6畳が雨種と然花の部屋です。もともとはスーさんの書斎で、あゆみんが〝自力出産〟をしたあと、産後の回復部屋として使っていました。

和楽と空太の部屋を屋根裏に作った際に、ここが雨種と然花の部屋になりました。机と二段ベッドを置いただけですが、それでもふたりにとっては初めての自分専用の居場所。

兄たちのちょっかいから逃げたいときや自分のペースを保ちたいときなどはいつもここで過ごします。

子ども部屋問題勃発！

和楽と空太の部屋の、太い梁に一枚のメモが貼ってありました。

【この線より前にでるな!!　入るときはきいてから入れ!!】

空太が教えてくれました。

「それなあ、ラクが書いた。ネンカやタネが勝手にいろいろ触るけん」

見ると床に白いテープが貼ってあります。それぞれのスペースの境が明確にわかるように和楽が線を引いたのです。

もともと屋根裏をリフォームしたのは、和楽空太雨種然花、子ども4人の部屋にと考えてのこと。ところが、思春期に差しかかった和楽と空太にとって、幼い然花は自分のテリトリーに侵入してくる、ある意味鬱陶しい存在でした。

「4人が上に行ってすぐよ、然花のもっのすごい悲鳴が家中に響き渡ったのは。その後も1時間ごとにギャン泣き」と、あゆみんが言えば、スーさんも

「4人一緒のときはカオスやったね。特に然花と和楽が片付けられない。だからもう、部屋がすごく散らかってて足の踏み場もなかった」

体操着も文房具も教科書も何もかもがあちこちに置きっぱなし。それを別の誰かが邪魔だからと違う場所に移動して……。結果、然花は兄たちのスペースを勝手に探しまわり、さらにぐちゃぐちゃ。和楽はものがなくなったのは然花のせいだと怒ります。「オマエ触ったやろ！」「何ですぐ泣くねん！」

弟が兄2人から邪険にされるようになったのも自然のなりゆきでした。時には雨種も標的になりました。本来は弟妹思いの和楽と空太ですが、思春期という年齢もあり感情の抑制がききません。負けるのはいつも雨種と然花です。

「にわとりって一羽一羽の居住空間が狭いと殺し合いの喧嘩をするんだよね。もちろんどんなに広くてもヒエラルキーは存在するんだけど、狭いと生存本能で闘う。人間もにわとりと一緒。紛争をなくす努力をしなくちゃ」とスーさん。

けれど、半年過ぎても状況は変わりませんでした。

「わたしもスーさんも疲弊しちゃうし、然花も荒んでくるし。それで下2人を兄たちから離すことにしたの。2人とも喜んで下に来たよ」

空太は言います。「いまはラクと2人だからちょうどいいけん、でも、前は4人やったから、狭すぎた」

玄関前の板の間

玄関を入ると、3畳ほどの板の間が広がります。正面は台所、左手はお茶の間に面していて、右手には家族のプライベート空間へと続く廊下。板の間にいれば、お茶の間での会話も、台所での食事の準備の様子も丸わかり。何かおもしろそうな出来事が起きても、聞き逃すことはありません。

そう、板の間は大人になりつつある子どもたちにとって、家族の気配を感じたいけど、ひとりにもなりたい、というニーズにぴったりな場所なのです。

露天の五右衛門風呂

廣川家のお風呂は裏庭の露天。鉄の風呂釜に直火で湯を沸かす、いわゆる五右衛門風呂で、全体を効率よく温める構造になっています。「かなりの省エネ効果があって冬でも20〜40分で沸くから、入る直前に焚けばいい。熾火（おきび）を残しておけば、夜中から朝まで温かい」とあゆみん。スーさんも「お湯がやわらかくなって肌ざわりがいいし、湯冷めもまったくしないよ」と言います。湯上がり時には、頭のてっぺんから足の先まで冷水を浴びます。

濡れ縁

前庭に面した濡れ縁は、日当たりがよく眺めもいいので、廣川家の「子どもの茶の間」のようなスペースです。おやつを食べたり、本を読んだり、宿題をしたり。時にはお客さんを出迎えたり。深い庇があるので雨の日も濡れずに過ごせます。

12月になると、ここに柿を吊るして干し柿を作ります。軒下いっぱいに吊り下げられた柿は、まるで濡れ縁の縄のれんのような景色です。

バケツトイレ

この家には和式、洋式、男子用の3つの水洗トイレがありました。数年ほど前に思い切って洋式を改造。バケツに籾殻を入れ便座を置いただけの超シンプル仕様のトイレを作りました。友人に教えてもらいつつ、ネットで調べた情報を組み合わせて廣川家流にアレンジ。名付けて「バケツトイレ」。

「使ったら、きれいな籾殻をコップ1杯、被せるだけ。汲み取り式のような嫌なニオイもない。2日に1回コンポストへ移しておしまい。2年後には土になってるよ」とスーさん。

コンポスト

バケツトイレの設置に合わせて庭にコンポストを作りました。3箱あり、1つは完全に土になっていて苗床や畑の肥料に使用。2つ目は分解中で、3つ目がバケツの中身を溜めている状態。「コンポストには、うんちだけでなく、解体した野生動物の使えない部位も入れてる。分解がすごく早くてトイレットペーパーも完全に土になってるよ」とスーさん。

溜めている段階ではコンポストに蓋はせず、分解に進んだら蓋をして雨に当たらないようにして発酵を促しています。

水洗からバイオ、そしてバケツへ

スーさんとあゆみんは、移住してきたときからトイレも地球環境にやさしいものにしたいと考えてきました。

水洗トイレは悪くはないのですが、大雨のときの海や河川への汚染が気になります。できればもっと単純なもの。電気も薬品も使わず、水も土壌も汚さない、自分たちで土に還せるような循環型のシステムはないかと探しました。

最初に試したのが、いわゆるバイオトイレです。台所の食品くずを土に還すコンポストをトイレ用に改造したので「コンポストトイレ」と呼んでいました。

このトイレ、使い方にコツが必要でした。し尿の水分と固形分を分離させるため、便器の中が前後に仕切られ、前には尿を、後ろ側に便を、それぞれ容器に溜めます。使うたびに、容器の中身を攪拌して発酵を促します。

「特に小さな子には難しくてね、どうしてもうんちのほうにおしっこが入っちゃう」とスーさん。固形側に尿が入って水分過多となり、発酵に悪影響が出ました。加えて、家族全員が使うには容量が小さくて、分解処理が追いつきませ

ん。冬になると寒すぎて微生物が死んでしまいました。
「2台の容器を交換しながら使ったけど、それでも虫がわくし臭かった。腐敗に傾く感じで、うまく運用できひんかった。2年くらい使ったかなあ」
　次に試したのが、バケツに便座を置いただけの「バケツトイレ」です。バケツの底に籾殻を敷き、使ったら新しい籾殻をコップ1杯、上に被せるという超シンプル仕様。籾殻が尿や便の水分とニオイを吸収し、排泄のときの跳ねも防ぎます。2日に1度、バケツの中身を裏庭の奥に設えたコンポストへ。2年後にはふかふかの土に還り、畑の肥料や苗床に使えます。バケツは洗いやすく清潔も保てて、臭くもなし。コンポストトイレと異なり、気温にも左右されません。使い始めて2年。すっかり気に入って、廣川家に定着しそうです。
「土に還ったのを見て、絶対こっちがいいじゃんって。嫌なニオイもないし。子どもたちも使うのにまったく抵抗なかったよ。その前のコンポストトイレは、大量に溜まったみんなのうんこを運び出さなくてはいけなくて、子どもとはいえ他人のうんこというものに、わたしはものすごく抵抗があったの。全然いいと思えなかったから」とあゆみん。

あゆみんとスーさん

尖るのをやめたら選択肢と時間軸が増えた

2020年4月、YouTube「廣川家」がスタートしました。撮影と編集はスーさん。きっかけは〝夢のお告げ〟でした。

「あゆみんがタマちゃんの出産を翌月に控えていたころ、夜中に眠れなくなって、急にYouTubeをやりなさいって聞こえた。そこからYouTubeを始めるぞ、YouTubeを始めるにはどうしたらいい？と思考がどんどん進んで。起きてからも離れなかった。1週間くらい悩んで、やったほうがいいと思ったんよ」

と、同時に考えました。誰が編集する？　誰が撮影する？　逡巡した結果、スーさんはすべてを自分でやると腹を括りました。

せっかくやるならと目標は収益化。軌道に乗せるため、まずは動画を50本、公開する準備をしました。撮影して編集して公開して、撮影して編集して公開して。毎日深夜2時に寝て早朝4時に起きる、そんな生活が続きました。

努力の甲斐あって、YouTubeの収益化が実現。スーさんの目標額には届きませんでしたが、廣川家初めての定期収入です。

田んぼをやろうと
思ったのも
時間軸が増えたから

「めっちゃ大変やった。もう思い出したくもないわ。思うように伸びんかったし。甘かったよね」とスーさん。

「わたしは十分だと思ってるよ」とあゆみん。「かまどさんも新品を買えたし、リフォームもプロに頼めた。すっごい贅沢。夢のようだよ」

以前だったら家の改築はセルフビルドでしたが、台所は大工さんや左官屋さんに現金で支払いができました。かまどや煙突などの資材も、これまでは探して探して、いい中古や廃品が出てくるのを根気強く待ち、足りない部品があれば自作していました。けれど今回は新品を買えました。

現金を得たからとはいえ、何でもかんでも買っているわけではありません。未来への投資につながるものに限ってお金は使っています。

リフォーム後の自宅で、そのよさに感銘を受けているのが土間の土壁です。スーさんは、職人さんのところへ何日か手伝いに行き、土壁作りの基礎となる木舞（こまい）掻きを教えてもらいました。木舞とは割いた竹を井桁にして藁で結んだ土壁の下地のこと。木舞を組む工程が木舞掻きです。土に藁を混ぜて発酵させた荒壁土を木舞に塗り込み、土壁を形成していきます。

「木舞掻きにハマってね、台所にちょっとだけ土壁を作ったときに、自分で木舞を掻いたんよ。藁はあゆみんが撚ったやつ」

一般的に土壁には調湿作用と断熱作用、蓄熱作用があるといわれています。調湿作用のおかげで冬は乾燥しなくなり、夏はジメジメしません。断熱作用が高いので夏は外の暑さを遮断してひんやり。蓄熱作用が高く輻射熱もあるため、冬はストーブを焚いていると翌朝までぬくぬく。土壁は、夏は高温多湿で、冬は雪が降る日本という環境に合った壁材なのです。

「言葉では説明できないけど、科学的にも解明されてないけど、土に囲まれているとすごいなんか、いいんよ。落ち着くというか。土壁の土が発酵していて微生物が住み着いていているせいかも」

そのため、いずれは家全部の壁を土壁に変更したいと考えています。

「土壁のいいところは、壊しても全部その場に還ること。土と藁と竹だから。しかも、その場で採れる素材。環境にも体にも悪いものがどこにもない！」

とはいえ、土壁が廃れていった理由も理解できるとスーさんは言います。こまめなメンテナンスが必要で扱いにくい上、工期が長いから。

「信じられないくらい長い（笑）。塗るごとに乾燥させるから時間がかかる。本当の仕上げになると20年とかかかるんやて。昔は子どもが生まれて、成長して、家を出ていくころに出来上がるのが、普通やったん。そりゃ廃れるよね。今は待てないからさ」

便利な生活を手放し、山の上に移住してきたスーさんとあゆみん。経済活動から離れたところで、あえて降りていく生活を選びました。だから、待つことや、ゼロから自分でつくり出すことで得られる情緒を知っています。買うことでその情緒を感じにくくなったのもわかっています。

「便利なものには副作用があるから気をつけないとね。でもそれ以上に、選択肢と時間軸が増えたのはよかったと思ってるよ」

というのは、人に委ねてもいいな、職人さんに投資してもいいなと思えるようになったから。自分だけが尖って、意地を張らなくてもいいのだと気づけたから。買うことで得られた時間軸を社会奉仕に使えるようになったから。

「あっちとこっちを平らにして、みんながよければいいなぁって振る舞えるようになったのは大きいよね」

消費はよくないけど
投資できるなら
お金ってありがたい

コンペイトウから超多面体へ

数年前から、自宅の裏庭でイベントを開催するようになりました。音楽ライブや屋台のあるお祭りなど。大道芸や伝統芸能を上演したこともあります。

あゆみん　苦労したイベントもあったよ。スタッフにコミュニケーションのアプローチが異なる人がいて、どうやっても意思疎通ができないの。なんとかイベントは無事に終了できたけど、みんなが疲れ果ててしまった。

スーさん　僕は子どもたちに対して父権主義的なところが強いんだけど、その人に接していて子どもたちもこんな気持ちなのかなって反省した。イベントでは、価値観の異なる人を許容する大切さみたいなのも学べてるよね。

あゆみん　きっとわれわれもそうやって許してもらえているし。

スーさん　そうなんだよ！　すごく許してもらってるんだよ、われわれも。

あゆみん　自宅でイベントをやろうと思ったのは、還元したいと思ったから。だってこんなに楽して幸せに暮らせてるのは、わたしたちの力だけでは決してない。もっと苦労してもよいはず。日々、満たされてる感じがすごくある。

スーさん　山に来てからかなあ。いろんなことに感謝したくなるんよ。何にもしてないのに、栗やみかんをもらうことも多いし。自然が与えてくれる恵みもね。だから謙虚になる。お礼に社会奉仕をしたくなる。

あゆみん　自分たちが分解できないものをダンゴムシ先生が働いてくれたりすると「ありがとうございます」って思う。ミミズさんに会えば「ミミズ先輩、おはようございます」ってなる。わたしにできないことをみんながしてくれるから。そうすると、人に対しても、たとえ「ケっ！」と思うような人でも、わたしができないことをやってくれてる、ありがたいって思えるようになった。

スーさん　思う思う。人のふり見て。いろんな人の頭を借りて。自分じゃ思いつかない知恵を持ってるからね。外付けハードディスクみたいな。

あゆみん　だからスーさんとも激しい喧嘩をしなくなった。丸くなったんじゃないよ。さらに角がたくさん増えて、超多面体になったから角がなめらかになった。前はコンペイトウだった。トゲトゲ（笑）。

スーさん　さあ、そろそろお昼ごはん作ろうかな。

あゆみん　スープがすごくいい匂いになってきた～！

スーさん

あゆみん

おわりに。スーさんより

3・11もきっかけになり、それまでの暮らしを捨て世間から逃れ、常軌を逸してみた。いろいろな想いもあったが、生き抜く術を身につけたい、家族と生き残りたいって気負いがあった。縁もゆかりもないない、知識も経験も、なんの保証もない山での暮らし。死にゃ〜せんだろうと覚悟を決めて飛び込んだら、割と性に合っていたらしく、魅力的で刺激的で見るもの聞くものすべて新鮮で楽しかった。

未熟で知らないことが多いのは余地があるってことでもある。その土地の慣例や空気感を知らないってことは、知っているよりプラスに作用したこともきっとあった。KYって時に強いってことか。もちろんたくさん迷惑をかけたし、ぶつかり合った。それでもやって来れたのは、寄り添ってくれた地域の優しい方々や家族のおかげ。

この暮らしを通して発見した大切なことは、自分が何をしたら楽しくて、何が得意で、自分にとって何が幸せかを知れたってこと。

我武者羅親父に付き合わされた家族よごめん。自分は忘れっぽい質で、家族が語る〝スーさん以前はこんなに尖ってたよ武勇伝〟を聞かされると、自分ごとながらそりゃ酷いねと思ったり。もっと上手いやり方があったのではと自省するがそうするしかなかったんだなとも思う。子どもたちも成長して、いろいろ経て巡って、あり得なかったことにYou

Tuberになって、金平糖も多面体になりました。あゆみん曰くかなり丸くなったらしい。

折り返し地点もまあまあ過ぎた人生。目まぐるしい変化の時代。変わることに億劫にならず、新しいことを食わず嫌いせず、つながることと離れることを恐れず、知恵と勇気を持った友人という羅針盤を持って、潮流に逆らわずにゆっくりコツコツと生きていきたい。

山は色んな音がしている。鳥や虫の鳴き声。鹿の鳴き声。風が木々を撫ぜる音。清流穴吹川の流れる音。健康な体を維持するために必須な栄養素があるように、心身に必要な音もあるらしい。長らく森や草原で暮らしてきた人類は自然の音が欠乏すると心身に影響を及ぼし、自然音が少なく機械的な音が多い場所に長くいると漠然と不安になったり不調をきたすことも多いようです。

同じように人間に必要な匂いや光景もあると思う。自然の音は安心する。しかし遠くでたまに聞こえる掃除機の音や草刈機など、人の営みが奏でる音もどこか安心を与えてくれる。人類の営みがわれわれの一部である自然をこれ以上損なわない、相剋でなく相生の均衡が取れる仕組みの経済や技術が発達し、人が幸せに生活し繁栄することによって自然も繁栄する世界を想い描きます。雀の涙かも知れないけど、そんな世界が来るように貢献したいって気負いも持ち続けたい。

おわりに。あゆみんより

降りていく生き方のつもりが……あれ、ちょっと登った？

5年前に出版された『あゆみんとスー』を読み返し、今回の原稿を読んでいたら「え、こんなんやった？」「今はこれ、やってないな」と思うことがちらほらあった。敷地の草もそれまでは完全手刈りだったけど、おとし草刈機が導入された。頻度は少なくとも外食することもある。あの頃のウチには「ダメ、ゼッタイ」が数多く存在していたけど、「まあ、ええか」が増えたのだと思う。家族が幸せな気持ちで一緒に暮らせることが最優先事項になったのだ。

スーが丸くなったと言えばそれまでだけど、家族や子どもが生きるためにと必死になっていた父親（＋一応母親）の肩の荷が軽くなったのかも。小さかった子どもたちはたくましく成長し、今では夫婦喧嘩のときに意見を求めたり、問題の解決策を尋ねたり。日々の暮らしの中でも、彼らに頼ることが増えてきた。長男和楽はもうわたしより力持ちだ。

この本で「あゆみんは子どもが苦手」を公言したが、あとがきを書く今になって苦手を卒業することにした。苦手であることを認め、許し、以後、とても楽にはなったけど、ある段階からこれまた行き詰まって、上手くいかなくなってきた。子どものせいにしたり、ホルモンのせいにしたり、散々周りのせいにしたあと、ついにわたしは決心した。自分が「こうなる」と決めた時からこそ、事態はどんどん変わっていくものだ。そして、とにかく諦めることにした。諦めがつかなくて、日々怒って暮らしていたけど、この家族と暮らしの全部を捨てて、ひとり逃亡するまでの意地もない。ここに留まるのなら毎日が楽しい方がいいに決まってる。家が多少汚れようが、お気に入りの茶碗が割れようが、睡眠を邪魔されようが、家族が幸せな気持ちで一緒に暮らせるならいいじゃないか。

世界では、今も爆弾で人と人が傷つけ合う悲しい出来事が起こっている。子どもたちが命を脅かされず健康に暮らしていけることのほかに大切なものなんてない。死ぬことのほかはかすり傷。そしてわたしたちのチームは、あの〝鬼軍曹スー〟の厳しい訓練を受けてきた。きっとこれからもお互い協力して、自然に寄り添った生き方を選択し続けられるだろう！

最後にわたしたちを日々支え導いてくれる頼もしい友人・家族へ、八百万の皆様へ、心から感謝を捧げます。

本書は、廣川あゆみ・廣川進著『あゆみんとスー』（主婦と生活社）に新規取材を加えて再編集したものです。

「どうぶつ大家族」
廣川家の好日
～自給自足に生きていく～

著　者　廣川あゆみ
　　　　廣川　進

編集人　東田卓郎
発行人　倉次辰男
発行所　株式会社主婦と生活社
　　　　〒104-8357　東京都中央区京橋 3-5-7
　　　　TEL 03-3563-5129（編集部）
　　　　TEL 03-3563-5121（販売部）
　　　　TEL 03-3563-5125（生産部）
　　　　https://www.shufu.co.jp
製版所　東京カラーフォト・プロセス株式会社
印刷所　大日本印刷株式会社
製本所　共同製本株式会社

ISBN978-4-391-16007-9

©AYUMI HIROKAWA & SUSUMU HIROKAWA 2023 Printed in Japan

Ⓡ本書を無断で複写複製（電子化を含む）することは、著作権法上の例外を除き、禁じられています。本書をコピーされる場合は、事前に日本複製権センター（JRRC）の許諾を受けてください。 また、本書を代行業者等の第三者に依頼してスキャンやデジタル化をすることは、たとえ個人や家庭内の利用であっても一切認められておりません。

JRRC（https://jrrc.or.jp　eメール：jrrc_info@jrrc.or.jp
TEL：03-6809-1281）

乱丁・落丁のある場合はお取り替えいたします。
ご購入の書店か、小社生産部までお申し出ください。